DIREITO ADMINISTRATIVO para Concurso de

ESCREVENTE TÉCNICO JUDICIÁRIO

do

TJ-SP

Tribunal de Justiça de São Paulo

O livro é a porta que se abre para a realização do homem.
Jair Lot Vieira

Supervisão editorial
JAIR LOT VIEIRA

DIREITO ADMINISTRATIVO para Concurso de

ESCREVENTE TÉCNICO JUDICIÁRIO

do TJ-SP

Tribunal de Justiça de São Paulo

- **Estatuto dos Funcionários Públicos Civis do Estado de São Paulo**
  Lei nº 10.261, de 28 de outubro de 1968
  Atualizada até o *DOE* de 3 de setembro de 2025
- **Lei de Improbidade Administrativa**
  Lei Federal nº 8.429, de 2 de junho de 1992
  Atualizada até o *DOU* de 3 de setembro de 2025
- **Índices alfabético-remissivos**

edipro

Grafia conforme o novo Acordo Ortográfico da Língua Portuguesa.

1ª edição, 2025.

Atualizada até o *DOE* de 3.9.2025

Produção Editorial: Alexandre Rudyard Benevides
Revisão: Ursula Augusta Benevides
Capa: Equipe Edipro

Dados Internacionais de Catalogação na Publicação (CIP)
(Câmara Brasileira do Livro, SP, Brasil)

Direito administrativo para concurso de escrevente técnico judiciário do TJ-SP / supervisão editorial Jair Lot Vieira. – São Paulo : Edipro, 2025.

ISBN 978-65-5660-198-4

1. Concursos públicos – Preparação 2. Direito administrativo – Concursos – Brasil I. Vieira, Jair Lot.

25-297278.0 CDU-34.(81.56)

Índice para catálogo sistemático:

1. Brasil : Direito administrativo : Concursos públicos 34.(81.56)

Eliane de Freitas Leite – Bibliotecária – CRB 8/8415

EDITORA AFILIADA

edipro

São Paulo: (11) 3107-7050 • Bauru: (14) 3234-4121
www.edipro.com.br • edipro@edipro.com.br
@editoraedipro @editoraedipro

SUMÁRIO

ESTATUTO DOS FUNCIONÁRIOS PÚBLICOS CIVIS DO ESTADO DE SÃO PAULO

LEI DE IMPROBIDADE ADMINISTRATIVA

ÍNDICES ALFABÉTICO-REMISSIVOS

ESTATUTO DOS FUNCIONÁRIOS PÚBLICOS CIVIS DO ESTADO DE SÃO PAULO

LEI Nº 10.261, DE 28 DE OUTUBRO DE 1968

Dispõe sobre o Estatuto dos Funcionários Públicos Civis do Estado de São Paulo

[*] *Atualizado até o* DOE *de 3.9.2025.*

[*] Os dispositivos legais constantes no conteúdo programático do edital (arts. 1º a 86; 171 a 175 e 239 a 323) estão destacados em **negrito**.

TÍTULO I
DISPOSIÇÕES PRELIMINARES

Art. 1º. Esta Lei institui o regime jurídico dos funcionários públicos civis do Estado.

Parágrafo único. As suas disposições, exceto no que colidirem com a legislação especial, aplicam-se aos funcionários dos Três Poderes do Estado e aos do Tribunal de Contas do Estado.

Art. 2º. As disposições desta Lei não se aplicam aos empregados das autarquias, entidades paraestatais e serviços públicos de natureza industrial, ressalvada a situação daqueles que, por lei anterior, já tenham a qualidade de funcionário público.

Parágrafo único. Os direitos, vantagens e regalias dos funcionários públicos só poderão ser estendidos aos empregados das entidades a que se refere este artigo na forma e condições que a lei estabelecer.

Art. 3º. Funcionário público, para os fins deste Estatuto, é a pessoa legalmente investida em cargo público.

Art. 4º. Cargo público é o conjunto de atribuições e responsabilidades cometidas a um funcionário.

Art. 5º. Os cargos públicos são isolados ou de carreira.

Art. 6º. Aos cargos públicos serão atribuídos valores determinados por referências numéricas, seguidas de letras em ordem alfabética, indicadoras de graus.

Parágrafo único. O conjunto de referência e grau constitui o padrão do cargo.

Art. 7º. Classe é o conjunto de cargos da mesma denominação.

Art. 8º. Carreira é o conjunto de classes da mesma natureza de trabalho, escalonadas segundo o nível de complexidade e de responsabilidade.

[*] Art. 8º com redação dada pelo Decreto-Lei Complementar nº 11, de 2.3.1970.

Art. 9º. Quadro é o conjunto de carreiras e de cargos isolados.

Art. 10. É vedado atribuir ao funcionário serviços diversos dos inerentes ao seu cargo, exceto as funções de chefia e direção e as comissões legais.

TÍTULO II
DO PROVIMENTO, DO EXERCÍCIO E DA VACÂNCIA DOS CARGOS PÚBLICOS

CAPÍTULO I – DO PROVIMENTO

Art. 11. Os cargos públicos serão providos por:

I – nomeação;

II – transferência;

III – reintegração;

IV – acesso;

V – reversão;

VI – aproveitamento; e

VII – readmissão.

Art. 12. Não havendo candidato habilitado em concurso, os cargos vagos, isolados ou de carreira, só poderão ser ocupados no regime da legislação trabalhista, até o prazo máximo de 2 (dois) anos, considerando-se findo o contrato após esse período, vedada a recondução.

[*] Art. 12 tacitamente revogado pelo art. 115 da Constituição Estadual.

CAPÍTULO II – DAS NOMEAÇÕES

Seção I – Das Formas de Nomeação

Art. 13. As nomeações serão feitas:

I – em caráter vitalício, nos casos expressamente previstos na Constituição do Brasil;

II – em comissão, quando se tratar de cargo que em virtude de lei assim deva ser provido; e

III – em caráter efetivo, quando se tratar de cargo de provimento dessa natureza.

Seção II – Da Seleção de Pessoal

Subseção I – Do Concurso

Art. 14. A nomeação para cargo público de provimento efetivo será precedida de concurso público de provas ou de provas e títulos.

Parágrafo único. As provas serão avaliadas na escala de 0 (zero) a 100 (cem) pontos e aos títulos serão atribuídos, no máximo, 50 (cinquenta) pontos.

Art. 15. A realização dos concursos será centralizada num só órgão.

Art. 16. As normas gerais para a realização dos concursos e para a convocação e indicação dos candidatos para o provimento dos cargos serão estabelecidas em regulamento.

Art. 17. Os concursos serão regidos por instruções especiais, expedidas pelo órgão competente.

Art. 18. As instruções especiais determinarão, em função da natureza do cargo:

I – se o concurso será:

1. de provas ou de provas e títulos; e

2. por especializações ou por modalidades profissionais, quando couber;

II – as condições para provimento do cargo referentes a:

1. diplomas ou experiência de trabalho;

2. capacidade física; e

3. conduta;

III – o tipo e conteúdo das provas e as categorias de títulos;

IV – a forma de julgamento das provas e dos títulos;

V – os critérios de habilitação e de classificação; e

VI – o prazo de validade do concurso.

Art. 19. As instruções especiais poderão determinar que a execução do concurso, bem como a classificação dos habilitados, seja feita por regiões.

Art. 20. A nomeação obedecerá à ordem de classificação no concurso.

Subseção II – Das Provas de Habilitação

Art. 21. As provas de habilitação serão realizadas pelo órgão encarregado dos concursos, para fins de transferência e de outras formas de provimento que não impliquem em critério competitivo.

Art. 22. As normas gerais para realização das provas de habilitação serão estabelecidas em regulamento, obedecendo, no que couber, ao estabelecido para os concursos.

CAPÍTULO III – DAS SUBSTITUIÇÕES

Art. 23. Haverá substituição no impedimento legal e temporário do ocupante de cargo de chefia ou de direção.

Parágrafo único. Ocorrendo a vacância, o substituto passará a responder pelo expediente da unidade ou órgão correspondente até o provimento do cargo.

Art. 24. A substituição que recairá sempre em funcionário público, quando não for automática, dependerá da expedição de ato de autoridade competente.

§ 1º. O substituto exercerá o cargo enquanto durar o impedimento do respectivo ocupante.

§ 2º. O substituto, durante todo o tempo em que exercer a substituição, terá direito a perceber o valor do padrão e as vantagens pecuniárias inerentes ao cargo do substituído e mais as vantagens pessoais a que fizer jus.

§ 3º. O substituto perderá, durante o tempo da substituição, o vencimento ou a remuneração e demais vantagens pecuniárias inerentes ao seu cargo, se pelo mesmo não optar.

Art. 25. Exclusivamente para atender a necessidade de serviço, os tesoureiros, caixas e outros funcionários que tenham valores sob sua guarda, em caso de impedimento, serão substituídos por funcionários de sua confiança, que indicarem, respondendo a sua fiança pela gestão do substituto.

Parágrafo único. Feita a indicação, por escrito, ao chefe da repartição ou do serviço, este proporá a expedição do ato de designação, aplicando-se ao substituto a partir da data em que assumir as funções do cargo o disposto nos §§ 1º e 2º do art. 24.

CAPÍTULO IV – DA TRANSFERÊNCIA

Art. 26. O funcionário poderá ser transferido de um para outro cargo de provimento efetivo.

[*] Art. 26 regulamentado pelo Decreto nº 4.633, de 1º.10.1974.

Art. 27. As transferências serão feitas a pedido do funcionário ou *ex officio*, atendidos sempre a conveniência do serviço e os requisitos necessários ao provimento do cargo.

[*] Art. 27 regulamentado pelo Decreto nº 4.633, de 1º.10.1974.

Art. 28. A transferência será feita para cargo do mesmo padrão de vencimento ou de igual remuneração, ressalvados os casos de transferência a pedido, em que o vencimento ou a remuneração poderá ser inferior.

[*] Art. 28 regulamentado pelo Decreto nº 4.633, de 1º.10.1974.

Art. 29. A transferência por permuta se processará a requerimento de ambos os interessados e de acordo com o prescrito neste capítulo.

[*] Art. 29 regulamentado pelo Decreto nº 4.633, de 1º.10.1974.

CAPÍTULO V – DA REINTEGRAÇÃO

Art. 30. A reintegração é o reingresso no serviço público decorrente da decisão judicial passada em julgado, com ressarcimento de prejuízos resultantes do afastamento.

Art. 31. A reintegração será feita no cargo anteriormente ocupado e, se este houver sido transformado, no cargo resultante.

§ 1º. Se o cargo estiver preenchido, o seu ocupante será exonerado, ou, se ocupava outro cargo, a este será reconduzido, sem direito a indenização.

§ 2º. Se o cargo houver sido extinto, a reintegração se fará em cargo equivalente, respeitada a habilitação profissional, ou, não sendo possível, ficará o reintegrado em disponibilidade no cargo que exercia.

Art. 32. Transitada em julgado a sentença, será expedido o decreto de reintegração no prazo máximo de 30 (trinta) dias.

CAPÍTULO VI – DO ACESSO

[*] Capítulo VI, arts. 33 e 34, regulamentado pelo Decreto nº 3.806, de 12.6.1974.

Art. 33. Acesso é a elevação do funcionário, dentro do respectivo quadro a cargo da mesma natureza de trabalho, do maior grau de responsabilidade e maior complexidade de atribuições, obedecido o interstício na classe e as exigências a serem instituídas em regulamento.

§ 1º. Serão reservados para acesso os cargos cujas atribuições exijam experiência prévia do exercício de outro cargo.

§ 2º. O acesso será feito mediante aferição do mérito dentre titulares de cargos cujo exercício proporcione a experiência necessária ao desempenho das atribuições dos cargos referidos no parágrafo anterior.

Art. 34. Será de 3 (três) anos de efetivo exercício o interstício para concorrer ao acesso.

CAPÍTULO VII – DA REVERSÃO

Art. 35. Reversão é o ato pelo qual o aposentado reingressa no serviço público a pedido ou *ex officio*.

§ 1º. A reversão *ex officio* será feita quando insubsistentes as razões que determinaram a aposentadoria por invalidez.

§ 2º. Não poderá reverter à atividade o aposentado que contar mais de 58 (cinquenta e oito) anos de idade.

§ 3º. No caso de reversão *ex officio*, será permitido o reingresso além do limite previsto no parágrafo anterior.

§ 4º. A reversão só poderá efetivar-se quando, em inspeção médica, ficar comprovada a capacidade para o exercício do cargo.

§ 5º. Se o laudo médico não for favorável, poderá ser procedida nova inspeção de saúde, para o mesmo fim, decorridos pelo menos 90 (noventa) dias.

§ 6º. Será tornada sem efeito a reversão *ex officio* e cassada a aposentadoria do funcionário que reverter e não tomar posse ou não entrar em exercício dentro do prazo legal.

Art. 36. A reversão far-se-á no mesmo cargo.

§ 1º. Em casos especiais, a juízo do Governo, poderá o aposentado reverter em outro cargo, de igual padrão de vencimentos, respeitada a habilitação profissional.

§ 2º. A reversão a pedido, que será feita a critério da Administração, dependerá também da existência de cargo vago, que deva ser provido mediante promoção por merecimento.

CAPÍTULO VIII – DO APROVEITAMENTO

Art. 37. Aproveitamento é o reingresso no serviço público do funcionário em disponibilidade.

Art. 38. O obrigatório aproveitamento do funcionário em disponibilidade ocorrerá em vagas existentes ou que se verificarem nos quadros do funcionalismo.

§ 1º. O aproveitamento dar-se-á, tanto quanto possível, em cargo de natureza e padrão de vencimentos correspondentes ao que ocupava, não podendo ser feito em cargo de padrão superior.

§ 2º. Se o aproveitamento se der em cargo de padrão inferior ao provento da disponibilidade, terá o funcionário direito à diferença.

§ 3º. Em nenhum caso poderá efetuar-se o aproveitamento sem que, mediante inspeção médica, fique provada a capacidade para o exercício do cargo.

§ 4º. Se o laudo médico não for favorável, poderá ser procedida nova inspeção de saúde, para o mesmo fim, decorridos no mínimo 90 (noventa) dias.

§ 5º. Será tornado sem efeito o aproveitamento e cassada a disponibilidade do funcionário que, aproveitado, não tomar posse e não entrar em exercício dentro do prazo legal.

§ 6º. Será aposentado no cargo anteriormente ocupado, o funcionário em disponibilidade que for julgado incapaz para o serviço público, em inspeção médica.

§ 7º. Se o aproveitamento se der em cargo de provimento em comissão, terá o aproveitado assegurada, no novo cargo, a condição de efetividade que tinha no cargo anteriormente ocupado.

[*] § 7º acrescentado pelo Decreto-Lei nº 76, de 27.5.1969.

CAPÍTULO IX – DA READMISSÃO

Art. 39. Readmissão é o ato pelo qual o ex-funcionário, demitido ou exonerado, reingressa no serviço público, sem direito a ressarcimento de prejuízos, assegurada, apenas, a contagem de tempo de serviço em cargos anteriores, para efeito de aposentadoria e disponibilidade.

§ 1º. A readmissão do ex-funcionário demitido será obrigatoriamente precedida de reexame do respectivo processo administrativo, em que fique demonstrado não haver inconveniente, para o serviço público, na decretação da medida.

§ 2º. Observado o disposto no parágrafo anterior, se a demissão tiver sido a bem do serviço público, a readmissão não poderá ser decretada antes de decorridos 5 (cinco) anos do ato demissório.

Art. 40. A readmissão será feita no cargo anteriormente exercido pelo ex-funcionário ou, se transformado, no cargo resultante da transformação.

CAPÍTULO X – DA READAPTAÇÃO

Art. 41. Readaptação é a investidura em cargo mais compatível com a capacidade do funcionário e dependerá sempre de inspeção médica.

Art. 42. A readaptação, não acarretará diminuição, nem aumento de vencimento ou remuneração e será feita mediante transferência.

CAPÍTULO XI – DA REMOÇÃO

Art. 43. A remoção, que se processará a pedido do funcionário ou *ex officio*, só poderá ser feita:

I – de uma para outra repartição, na mesma Secretaria; e

II – de um para outro órgão da mesma repartição.

Parágrafo único. A remoção só poderá ser feita respeitada a lotação de cada repartição.

Art. 44. A remoção por permuta será processada a requerimento de ambos os interessados, com anuência dos respectivos chefes e de acordo com o prescrito neste Capítulo.

Art. 45. O funcionário não poderá ser removido ou transferido *ex officio* para cargo que deva exercer fora da localidade de sua residência, no período de 6 (seis) meses antes e até 3 (três) meses após a data das eleições.

Parágrafo único. Essa proibição vigorará no caso de eleições federais, estaduais ou municipais, isolada ou simultaneamente realizadas.

CAPÍTULO XII – DA POSSE

Art. 46. Posse é o ato que investe o cidadão em cargo público.

Art. 47. São requisitos para a posse em cargo público:

I – ser brasileiro;

II – ter completado 18 (dezoito) anos de idade;

III – estar em dia com as obrigações militares;

IV – estar no gozo dos direitos políticos;

V – ter boa conduta;

VI – gozar de boa saúde, comprovada em inspeção realizada por órgão médico oficial do Estado, para provimento de cargo efetivo, ou mediante apresentação de Atestado de Saúde Ocupacional, expedido por médico registrado no Conselho Regional correspondente, para provimento de cargo em comissão;

[*] Inciso VI com redação dada pela LC nº 1.123, de 1º.7.2010.

VII – possuir aptidão para o exercício do cargo; e

VIII – ter atendido às condições especiais prescritas para o cargo.

Parágrafo único. A deficiência da capacidade física, comprovadamente estacionária, não será considerada impedimento para a caracterização da capacidade psíquica e somática a que se refere o item VI deste artigo, desde que tal deficiência não impeça o desempenho normal das funções inerentes ao cargo de cujo provimento se trata.

Art. 48. São competentes para dar posse:

I – os Secretários de Estado, aos diretores gerais, aos diretores ou chefes das repartições, e aos funcionários que lhes são diretamente subordinados; e

II – os diretores gerais e os diretores ou chefes de repartição ou serviço, nos demais casos, de acordo com o que dispuser o regulamento.

Art. 49. A posse verificar-se-á mediante a assinatura de termo em que o funcionário prometa cumprir fielmente os deveres do cargo.

Parágrafo único. O termo será lavrado em livro próprio e assinado pela autoridade que der posse.

Art. 50. A posse poderá ser tomada por procuração quando se tratar de funcionário ausente do Estado, em comissão do Governo ou, em casos especiais, a critério da autoridade competente.

Art. 51. A autoridade que der posse deverá verificar, sob pena de responsabilidade, se foram satisfeitas as condições estabelecidas, em lei ou regulamento, para a investidura do cargo.

Art. 52. A posse deverá verificar-se no prazo de 30 (trinta) dias, contados da data da publicação do ato de provimento do cargo, no órgão oficial.

§ 1º. O prazo fixado neste artigo poderá ser prorrogado por mais 30 (trinta) dias, a requerimento do interessado.

§ 2º. O prazo inicial para a posse do funcionário em férias ou licença, será contado da data em que voltar ao serviço.

§ 3º. Se a posse não se der dentro do prazo, será tornado sem efeito o ato de provimento.

Art. 53. A contagem do prazo a que se refere o artigo anterior poderá ser suspensa nas seguintes hipóteses:

I – por até 120 (cento e vinte) dias, a critério do órgão médico oficial, a partir da data de apresentação do candidato junto ao referido órgão para perícia de sanidade e capacidade física, para fins de ingresso, sempre que a inspeção médica exigir essa providência;

II – por 30 (trinta) dias, mediante a interposição de recurso pelo candidato contra a decisão do órgão médico oficial.

§ 1º. O prazo a que se refere o inciso I deste artigo recomeçará a correr sempre que o candidato, sem motivo justificado, deixe de submeter-se aos exames médicos julgados necessários.

§ 2º. A interposição de recurso a que se refere o inciso II deste artigo dar-se-á no prazo máximo de 5 (cinco) dias, a contar da data de decisão do órgão médico oficial.

[*] Art. 53 com redação dada pela LC nº 1.123, de 1º.7.2010.

Art. 54. O prazo a que se refere o art. 52 para aquele que, antes de tomar posse, for incorporado às Forças Armadas, será contado a partir da data da desincorporação.

Art. 55. O funcionário efetivo, nomeado para cargo em comissão, fica dispensado, no ato da posse, da apresentação do atestado de que trata o inciso VI do art. 47 desta Lei.

[*] Art. 55 com redação dada pela LC nº 1.123, de 1º.7.2010.

CAPÍTULO XIII – DA FIANÇA

Art. 56. (Revogado).

[*] Art. 56 revogado pela LC nº 575, de 11.11.1988.

CAPÍTULO XIV – DO EXERCÍCIO

Art. 57. O exercício é o ato pelo qual o funcionário assume as atribuições e responsabilidades do cargo.

§ 1º. O início, a interrupção e o reinício do exercício serão registrados no assentamento individual do funcionário.

§ 2º. O início do exercício e as alterações que ocorrerem serão comunicados ao órgão competente, pelo chefe da repartição ou serviço em que estiver lotado o funcionário.

Art. 58. Entende-se por lotação, o número de funcionários de carreira e de cargos isolados que devam ter exercício em cada repartição ou serviço.

Art. 59. O chefe da repartição ou de serviço em que for lotado o funcionário é a autoridade competente para dar-lhe exercício.

Parágrafo único. É competente para dar exercício ao funcionário, com sede no Interior do Estado, a autoridade a que o mesmo estiver diretamente subordinado.

Art. 60. O exercício do cargo terá início dentro do prazo de 30 (trinta) dias, contados:

I – da data da posse; e

II – da data da publicação oficial do ato, no caso de remoção.

§ 1º. Os prazos previstos neste artigo poderão ser prorrogados por 30 (trinta) dias, a requerimento do interessado e a juízo da autoridade competente.

§ 2º. No caso de remoção, o prazo para exercício de funcionário em férias ou em licença, será contado da data em que voltar ao serviço.

§ 3º. No interesse do serviço público, os prazos previstos neste artigo poderão ser reduzidos para determinados cargos.

§ 4º. O funcionário que não entrar em exercício dentro do prazo será exonerado.

Art. 61. Em caso de mudança de sede, será concedido um período de trânsito, até 8 (oito) dias, a contar do desligamento do funcionário.

Art. 62. O funcionário deverá apresentar ao órgão competente, logo após ter tomado posse e assumido o exercício, os elementos necessários à abertura do assentamento individual.

Art. 63. (Revogado).

[*] Art. 63 revogado pela LC nº 1.361/2021.

Art. 64. O funcionário deverá ter exercício na repartição em cuja lotação houver claro.

Art. 65. Nenhum funcionário poderá ter exercício em serviço ou repartição diferente daquela em que estiver lotado, salvo nos casos previstos nesta Lei, ou mediante autorização do Governador.

Art. 66. Na hipótese de autorização do Governador, o afastamento só será permitido, com ou sem prejuízo de vencimentos, para o fim determinado e prazo certo.

Parágrafo único. O afastamento sem prejuízo de vencimentos poderá ser condicionado ao reembolso das despesas efetuadas pelo órgão de origem, na forma a ser estabelecida em regulamento.

[*] Parágrafo único acrescentado pela LC nº 1.043, de 9.5.2008.

Art. 67. O afastamento de funcionário para ter exercício em entidades com as quais o Estado mantenha convênios, reger-se-á pelas normas nestes estabelecidas.

Art. 68. O funcionário poderá ausentar-se do Estado ou deslocar-se da respectiva sede de exercício, para missão ou estudo de interesse do serviço público, mediante autorização expressa do Governador.

Art. 68-A. O funcionário poderá afastar-se do Estado para atuar em organismo internacional de que o Brasil participe ou com o qual coopere, mediante autorização expressa do Governador, com prejuízo dos vencimentos e demais vantagens do cargo.

[*] Art. 68-A acrescentado pela Lei Complementar nº 1.310, de 4.10.2017.

Art. 69. Os afastamentos de funcionários para participação em congressos e outros certames culturais, técnicos ou científicos poderão ser autorizados pelo Governador, na forma estabelecida em regulamento.

Art. 70. O servidor preso em flagrante, preventiva ou temporariamente ou pronunciado será considerado afastado do exercício do cargo, com prejuízo da remuneração, até a condenação ou absolvição transitada em julgado.

§ 1º. Estando o servidor licenciado, sem prejuízo de sua remuneração, será considerada cessada a licença na data em que o servidor for recolhido à prisão.

§ 2º. Se o servidor for, ao final do processo judicial, condenado, o afastamento sem remuneração perdurará até o cumprimento total da pena, em regime fechado ou

semi-aberto, salvo na hipótese em que a decisão condenatória determinar a perda do cargo público.

[*] Art. 70 com redação dada pela LC nº 1.012, de 5.7.2007.

Art. 71. As autoridades competentes determinarão o afastamento imediato do trabalho, do funcionário que apresente indícios de lesões orgânicas ou funcionais causadas por raios X ou substâncias radioativas, podendo atribuir-lhe conforme o caso, tarefas sem risco de radiação ou conceder-lhe licença *ex officio* na forma do art. 194 e seguintes.

Art. 72. O funcionário, quando no desempenho do mandato eletivo federal ou estadual, ficará afastado de seu cargo, com prejuízo do vencimento ou remuneração.

Art. 73. O exercício do mandato de Prefeito, ou de Vereador, quando remunerado, determinará o afastamento do funcionário, com a faculdade de opção entre os subsídios do mandato e os vencimentos ou a remuneração do cargo, inclusive vantagens pecuniárias, ainda que não incorporadas.

Parágrafo único. O disposto neste artigo aplica-se igualmente à hipótese de nomeação de Prefeito.

[*] Art. 73 com redação dada pela LC nº 87, de 25.4.1974.

Art. 74. Quando não remunerada a vereança, o afastamento somente ocorrerá nos dias de sessão e desde que o horário das sessões da Câmara coincida com o horário normal de trabalho a que estiver sujeito o funcionário.

§ 1º. Na hipótese prevista neste artigo, o afastamento se dará sem prejuízo de vencimentos e vantagens, ainda que não incorporadas, do respectivo cargo.

§ 2º. É vedada a remoção ou transferência do funcionário durante o exercício do mandato.

[*] Art. 74 com redação dada pela LC nº 87, de 25.4.1974.

Art. 75. O funcionário, devidamente autorizado pelo Governador, poderá afastar-se do cargo para participar de provas de competições desportivas, dentro ou fora do Estado.

§ 1º. O afastamento de que trata este artigo, será precedido de requisição justificada do órgão competente.

§ 2º. O funcionário será afastado por prazo certo, nas seguintes condições:

I – sem prejuízo do vencimento ou remuneração, quando representar o Brasil, ou o Estado, em competições desportivas oficiais; e

II – com prejuízo do vencimento ou remuneração, em quaisquer outros casos.

CAPÍTULO XV – DA CONTAGEM DE TEMPO DE SERVIÇO

Art. 76. O tempo de serviço público, assim considerado o exclusivamente prestado ao Estado e suas Autarquias, será contado singelamente para todos os fins.

[*] Art. 76, *caput*, com redação dada pela LC nº 318, de 10.3.1983.

Parágrafo único. O tempo de serviço público prestado à União, outros Estados e Municípios, e suas Autarquias, anteriormente ao ingresso do funcionário no serviço público estadual, será contado integralmente para os efeitos de aposentadoria e disponibilidade.

[*] Parágrafo único acrescentado pela LC nº 318, de 10.3.1983.

Art. 77. A apuração do tempo de serviço será feita em dias.

§ 1º. Serão computados os dias de efetivo exercício, do registro de frequência ou da folha de pagamento.

§ 2º. O número de dias será convertido em anos, considerados sempre estes como de 365 (trezentos e sessenta e cinco) dias.

§ 3º. Feita a conversão de que trata o parágrafo anterior, os dias restantes, até 182 (cento e oitenta e dois), não serão computados, arredondando-se para 1 (um) ano, na aposentadoria compulsória ou por invalidez, quando excederem esse número.

Art. 78. Serão considerados de efetivo exercício, para todos os efeitos legais, os dias em que o funcionário estiver afastado do serviço em virtude de:

I – férias;

II – casamento, até 8 (oito) dias;

III – falecimento do cônjuge, filhos, pais e irmãos, até 8 (oito) dias;

IV – falecimento dos avós, netos, sogros, padrasto ou madrasta, até 2 (dois) dias;

[*] Inciso IV com redação dada pela LC nº 318, de 10.3.1983.

V – serviços obrigatórios por lei;

VI – licença quando acidentado no exercício de suas atribuições ou atacado de doença profissional;

VII – licença à funcionária gestante;

VIII – licenciamento compulsório, nos termos do art. 206;

IX – licença-prêmio;

X – faltas abonadas nos termos do § 1º do art. 110, observados os limites ali fixados;

XI – missão ou estudo dentro do Estado, em outros pontos do território nacional ou no estrangeiro, nos termos do art. 68;

XII – nos casos previstos no art. 122;

XIII – afastamento por processo administrativo, se o funcionário for declarado inocente, ou se a pena imposta for de repreensão ou multa; e ainda, os dias que excederem o total da pena de suspensão efetivamente aplicada;

XIV – trânsito, em decorrência de mudança de sede de exercício, desde que não exceda o prazo de 8 (oito) dias; e

XV – provas de competições desportivas, nos termos do item I, do § 2º do art. 75;

XVI – licença-paternidade, por 5 (cinco) dias;

[*] Inciso XVI acrescentado pelo art. 1º da Lei Complementar nº 445, de 1º.4.1986, e com redação dada pela LC nº 1.054, de 7.7.2008.

XVII – licença para doação de tecidos, de órgãos, de parte de órgãos e de partes do corpo vivo para fins terapêuticos ou de transplantes intervivos, nos termos do inciso X do art. 181.

[*] Inciso XVII acrescentado pela LC nº 1.361/2021.

Art. 79. Os dias em que o funcionário deixar de comparecer ao serviço em virtude de mandato legislativo municipal serão considerados de efetivo exercício para todos os efeitos legais.

[*] Art. 79, *caput*, com redação dada pela LC nº 124, de 11.11.1975.

Parágrafo único. No caso de vereança remunerada, os dias de afastamento não serão computados para fins de vencimento ou remuneração, salvo se por eles tiver optado o funcionário.

Art. 80. Será contado para todos os efeitos, salvo para a percepção de vencimentos ou remuneração:

I – o afastamento para provas de competições desportivas nos termos do item II do § 2º do art. 75; e

II – as licenças previstas nos arts. 200 e 201.

Art. 81. Os tempos adiante enunciados serão contados:

I – para efeito de concessão de adicional por tempo de serviço, sexta-parte, aposentadoria e disponibilidade:

a) o de afastamento nos termos dos arts. 65 e 66 junto a outros poderes do Estado, a fundações instituídas pelo Estado ou empresas em que o Estado tenha participação majoritária pela sua Administração Centralizada ou Descentralizada, bem como junto a órgãos da Administração Direta da União, de outros Estados e Municípios, e de suas autarquias;

b) o de afastamento nos termos do art. 67;

II – para efeito de disponibilidade e aposentadoria, o de licença para tratamento de saúde.

[*] Art. 81 com redação dada pela LC nº 318, de 10.3.1983.

Art. 82. O tempo de mandato federal e estadual, bem como o municipal, quando remunerados, será contado para fins de aposentadoria e de promoção por antiguidade.

Parágrafo único. O disposto neste artigo aplica-se à hipótese de nomeação de Prefeito.

[*] Art. 82 com redação dada pela LC nº 87, de 25.4.1974.

Art. 83. Para efeito de aposentadoria será contado o tempo em que o funcionário esteve em disponibilidade.

Art. 84. É vedada a acumulação de tempo de serviço concorrente ou simultaneamente prestado, em dois ou mais cargos ou funções, à União, Estados, Municípios ou Autarquias em geral.

Parágrafo único. Em regime de acumulação é vedado contar tempo de um dos cargos para reconhecimento de direito ou vantagens no outro.

Art. 85. Não será computado, para nenhum efeito, o tempo de serviço gratuito.

CAPÍTULO XVI – DA VACÂNCIA

Art. 86. A vacância do cargo decorrerá de:

I – exoneração;

II – demissão;

III – transferência;

IV – acesso;

V – aposentadoria; e

VI – falecimento.

§ 1º. Dar-se-á a exoneração:

1. a pedido do funcionário;

2. a critério do Governo, quando se tratar de ocupante de cargo em comissão; e

3. quando o funcionário não entrar em exercício dentro do prazo legal.

§ 2º. A demissão será aplicada como penalidade nos casos previstos nesta Lei.

TÍTULO III
DA PROMOÇÃO

CAPÍTULO ÚNICO – DA PROMOÇÃO

[*] Capítulo Único, arts. 87 a 107, regulamentado pelo Decreto nº 3.807, de 12.6.1974.

Art. 87. Promoção é a passagem do funcionário de um grau a outro da mesma classe e se processará obedecidos, alternadamente os critérios de merecimento e de antiguidade na forma que dispuser o regulamento.

Art. 88. O merecimento do funcionário será apurado em pontos positivos e negativos.

§ 1º. Os pontos positivos se referem a condições de eficiência no cargo e ao aperfeiçoamento funcional resultante do aprimoramento dos seus conhecimentos.

§ 2º. Os pontos negativos resultam da falta de assiduidade e da indisciplina.

Art. 89. Da apuração do merecimento será dada ciência ao funcionário.

Art. 90. A antiguidade será determinada pelo tempo de efetivo exercício no cargo e no serviço público, apurado em dias.

Art. 91. As promoções serão feitas em junho e dezembro de cada ano, dentro de limites percentuais a serem estabelecidos em regulamento e corresponderão às condições existentes até o último dia do semestre imediatamente anterior.

Art. 92. Os direitos e vantagens que decorrerem da promoção serão contados a partir da publicação do ato, salvo quando publicado fora do prazo legal, caso em que vigorará a contar do último dia do semestre a que corresponder.

Parágrafo único. Ao funcionário que não estiver em efetivo exercício, só se abonarão as vantagens a partir da data da reassunção.

Art. 93. Será declarada sem efeito a promoção indevida, não ficando o funcionário, nesse caso, obrigado a restituições, salvo na hipótese de declaração falsa ou omissão intencional.

Art. 94. Só poderão ser promovidos os servidores que tiverem o interstício de efetivo exercício no grau.

Parágrafo único. O interstício a que se refere este artigo será estabelecido em regulamento.

Art. 95. Dentro de cada quadro, haverá para cada classe, nos respectivos graus, uma lista de classificação, para os critérios de merecimento e antiguidade.

Parágrafo único. Ocorrendo empate terão preferência, sucessivamente:

1. na classificação por merecimento:

a) os títulos e os comprovantes de conclusão de cursos, relacionados com a função exercida;

b) a assiduidade;

c) a antiguidade no cargo;

d) os encargos de família; e

e) a idade;

2. na classificação por antiguidade:

a) o tempo no cargo;

b) o tempo de serviço prestado ao Estado;

c) o tempo de serviço público;

d) os encargos de família; e

e) a idade.

Art. 96. O funcionário em exercício de mandato eletivo federal ou estadual ou de mandato de prefeito, somente poderá ser promovido por antiguidade.

Art. 97. Não serão promovidos por merecimento, ainda que classificados dentro dos limites estabelecidos no regulamento, os funcionários que tiverem sofrido qualquer penalidade nos dois anos anteriores à data de vigência da promoção.

Art. 98. O funcionário submetido a processo administrativo poderá ser promovido, ficando, porém, sem efeito a promoção por merecimento no caso de o processo resultar em penalidade.

Art. 99. Para promoção por merecimento é indispensável que o funcionário obtenha número de pontos não inferior à metade do máximo atribuível.

Art. 100. O merecimento do funcionário é adquirido na classe.

Art. 101. (Revogado).

[*] Art. 101 revogado pelo art. 13 da Lei Complementar nº 318, de 10.3.1983.

Art. 102. O tempo no cargo será o efetivo exercício, contado na seguinte conformidade:

I – a partir da data em que o funcionário assumir o exercício do cargo, nos casos de nomeação, transferência a pedido, reversão e aproveitamento;

II – como se o funcionário estivesse em exercício, no caso de reintegração;

III – a partir da data em que o funcionário assumir o exercício do cargo do qual foi transferido, no caso de transferência *ex officio*; e

IV – a partir da data em que o funcionário assumir o exercício do cargo reclassificado ou transformado.

Art. 103. Será contado como tempo no cargo o efetivo exercício que o funcionário houver prestado no mesmo cargo, sem solução de continuidade, desde que por prazo superior a 6 (seis) meses:

I – como substituto; e

II – no desempenho de função gratificada, em período anterior à criação do respectivo cargo.

Art. 104. As promoções obedecerão à ordem de classificação.

Art. 105. Haverá em cada Secretaria de Estado uma Comissão de Promoção que terá as seguintes atribuições:

I – eleger o respectivo presidente;

II – decidir as reclamações contra a avaliação do mérito, podendo alterar, fundamentalmente, os pontos atribuídos ao reclamante ou a outros funcionários;

III – avaliar o mérito do funcionário quando houver divergência igual ou superior a 20 (vinte) pontos entre os totais atribuídos pelas autoridades avaliadoras;

IV – propor à autoridade competente a penalidade que couber ao responsável pelo atraso na expedição e remessa do Boletim de Promoção, pela falta de qualquer informação ou de elementos solicitados, pelos fatos de que decorram irregularidade ou parcialidade no processamento das promoções.

V – avaliar os títulos e os certificados de cursos apresentados pelos funcionários; e

VI – dar conhecimento aos interessados mediante afixação na repartição:

1. das alterações de pontos feitos nos Boletins de Promoção; e

2. dos pontos atribuídos pelos títulos e certificados de cursos.

Art. 106. No processamento das promoções cabem as seguintes reclamações:

I – da avaliação do mérito; e

II – da classificação final.

§ 1º. Da avaliação do mérito podem ser interpostos pedidos de reconsideração e recurso e, da classificação final, apenas recurso.

§ 2º. Terão efeito suspensivo as reclamações relativas à avaliação do mérito.

§ 3º. Serão estabelecidos em regulamento as normas e os prazos para o processamento das reclamações de que trata este artigo.

Art. 107. A orientação das promoções do funcionalismo público civil será centralizada, cabendo ao órgão a que for deferida tal competência:

I – expedir normas relativas ao processamento das promoções e elaborar as respectivas escalas de avaliação, com a aprovação do Governador;

II – orientar as autoridades competentes quanto à avaliação das condições de promoção;

III – realizar estudos e pesquisas no sentido de averiguar a eficiência do sistema em vigor, propondo medidas tendentes ao seu aperfeiçoamento; e

IV – opinar em processos sobre assuntos de promoção, sempre que solicitado.

[*] Capítulo Único, arts. 87 a 107, regulamentado pelo Decreto nº 3.807, de 12.6.1974.

TÍTULO IV
DOS DIREITOS E DAS VANTAGENS DE ORDEM PECUNIÁRIA

CAPÍTULO I – DO VENCIMENTO E DA REMUNERAÇÃO

Seção I – Disposições Gerais

Art. 108. Vencimento é a retribuição paga ao funcionário pelo efetivo exercício do cargo, correspondente ao valor do respectivo padrão fixado em lei, mais as vantagens a ele incorporadas para todos os efeitos legais.

Art. 109. Remuneração é a retribuição paga ao funcionário pelo efetivo exercício do cargo, correspondente a 2/3 (dois terços) do respectivo padrão, mais as quotas ou porcentagens que, por lei, lhe tenham sido atribuídas e as vantagens pecuniárias a ela incorporadas.

Art. 110. O funcionário perderá:

I – o vencimento ou remuneração do dia, quando não comparecer ao serviço;

[*] Inciso I com redação dada pela LC nº 1.361/2021.

II – 1/3 (um terço) do vencimento ou remuneração diária, quando comparecer ao serviço dentro da hora seguinte à marcada para o início do expediente ou quando dele retirar-se dentro da última hora.

§ 1º. (Revogado).

[*] § 1º revogado pela LC nº 1.361/2021.

§ 2º. No caso de faltas sucessivas, justificadas ou injustificadas, os dias intercalados – domingos, feriados e aqueles em que não haja expediente – serão computados exclusivamente para efeito de desconto do vencimento ou remuneração.

§ 3º. Não se aplica o disposto no *caput* deste artigo às hipóteses de compensação de horas previstas no parágrafo único do art. 117 desta Lei.

[*] § 3º acrescentado pela LC nº 1.361/2021.

§ 4º. O disposto no inciso II e no § 2º deste artigo não se aplicam aos integrantes do Quadro do Magistério da Secretaria da Educação.

[*] § 4º acrescentado pela Lei Complementar nº 1.374/2022.

Art. 111. As reposições devidas pelo funcionário e as indenizações por prejuízos que causar à Fazenda Pública Estadual, serão descontadas em parcelas mensais não excedentes da décima parte do vencimento ou remuneração ressalvados os casos especiais previstos neste Estatuto.

Art. 112. Só será admitida procuração para efeito de recebimento de quaisquer importâncias dos cofres estaduais, decorrentes do exercício do cargo, quando o funcionário se encontrar fora da sede ou comprovadamente impossibilitado de locomover-se.

Art. 113. O vencimento, remuneração ou qualquer vantagem pecuniária atribuídos ao funcionário, não poderão ser objeto de arresto, sequestro ou penhora, salvo:

I – quando se tratar de prestação de alimentos, na forma da lei civil; e

II – nos casos previstos no Capítulo II do Título VI deste Estatuto.

Art. 114. É proibido, fora dos casos expressamente consignados neste Estatuto, ceder ou gravar vencimento, remuneração ou qualquer vantagem decorrente do exercício de cargo público.

Art. 115. O vencimento ou remuneração do funcionário não poderá sofrer outros descontos, exceto os obrigatórios e os autorizados por lei.

Art. 116. As consignações em folha, para efeito de desconto de vencimentos ou remuneração, serão disciplinadas em regulamento.

Seção II – Do Horário e do Ponto

Art. 117. O horário de trabalho nas repartições será fixado pelo Governo de acordo com a natureza e as necessidades do serviço.

Parágrafo único. É facultada a instituição de sistema de compensação de horas, a ser disciplinado em regulamento.

[*] Parágrafo único acrescentado pela LC nº 1.361/2021.

Art. 118. O período de trabalho, nos casos de comprovada necessidade, poderá ser antecipado ou prorrogado pelo chefe da repartição ou serviço.

Parágrafo único. Serão remuneradas na forma do art. 136 a antecipação e a prorrogação do período de trabalho não abrangidas pelo sistema de compensação de horas previsto no parágrafo único do art. 117.

[*] Parágrafo único com redação dada pela LC nº 1.361/2021.

Art. 119. Nos dias úteis, só por determinação do Governador poderão deixar de funcionar as repartições públicas ou ser suspenso o expediente.

Art. 120. Ponto é o registro pelo qual se verificará, diariamente, a entrada e saída do funcionário em serviço.

§ 1º. Para registro do ponto serão usados, de preferência, meios mecânicos.

§ 2º. É vedado dispensar o funcionário do registro do ponto, salvo os casos expressamente previstos em lei.

§ 3º. A infração do disposto no parágrafo anterior determinará a responsabilidade da autoridade que tiver expedido a ordem, sem prejuízo da ação disciplinar cabível.

Art. 121. Para o funcionário estudante, conforme dispuser o regulamento, poderão ser estabelecidas normas especiais quanto à frequência ao serviço.

Art. 122. O funcionário que comprovar sua contribuição para banco de sangue mantido por órgão estatal ou paraestatal, ou entidade com a qual o Estado mantenha convênio, fica dispensado de comparecer ao serviço no dia da doação.

Art. 123. Apurar-se-á a frequência do seguinte modo:

I – pelo ponto; e

II – pela forma determinada, quanto aos funcionários não sujeitos a ponto.

CAPÍTULO II – DAS VANTAGENS DE ORDEM PECUNIÁRIA

Seção I – Disposições Gerais

Art. 124. Além do valor do padrão do cargo, o funcionário só poderá receber as seguintes vantagens pecuniárias:

I – adicionais por tempo de serviço;

II – gratificações;

III – diárias;

IV – ajudas de custo;

V – salário-família e salário-esposa;

VI – (revogado);

[*] Inciso VI revogado pelo Decreto-Lei de 27.2.1970.

VII – quota-parte de multas e porcentagens fixadas em lei;

VIII – honorários, quando fora do período normal ou extraordinário de trabalho a que estiver sujeito, for designado para realizar investigações ou pesquisas científicas, bem como para exercer as funções de auxiliar ou membro de bancas e comissões de concurso ou prova, ou de professor de cursos de seleção e aperfeiçoamento ou especialização de servidores, legalmente instituídos, observadas as proibições atinentes a regimes especiais de trabalho fixados em lei;

IX – honorários pela prestação de serviço peculiar à profissão que exercer e, em função dela, à Justiça, desde que não a execute dentro do período normal ou extraordinário de trabalho a que estiver sujeito e sejam respeitadas as restrições estabelecidas em lei pela subordinação a regimes especiais de trabalho; e

X – outras vantagens ou concessões pecuniárias previstas em leis especiais ou neste Estatuto.

§ 1º. Excetuados os casos expressamente previstos neste artigo, o funcionário não poderá receber, a qualquer título, seja qual for o motivo ou forma de pagamento, nenhuma outra vantagem pecuniária dos órgãos do serviço público, das entidades autárquicas ou paraestatais ou outras organizações públicas, em razão de seu cargo ou função nos quais tenha sido mandado servir.

§ 2º. O não cumprimento do que preceitua este artigo importará na demissão do funcionário, por procedimento irregular, e na imediata reposição, pela autoridade ordenadora do pagamento, da importância indevidamente paga.

§ 3º. Nenhuma importância relativa às vantagens constantes deste artigo será paga ou devida ao funcionário, seja qual for o seu fundamento, se não houver crédito próprio, orçamentário ou adicional.

Art. 125. As porcentagens ou quotas-partes, atribuídas em virtude de multas ou serviços de fiscalização e inspeção, só serão creditadas ao funcionário após a entrada da importância respectiva, a título definitivo, para os cofres públicos.

Art. 126. O funcionário não fará jus à percepção de quaisquer vantagens pecuniárias, nos casos em que deixar de perceber o vencimento ou remuneração, ressalvado o disposto no parágrafo único do art. 160.

Seção II – Dos Adicionais por Tempo de Serviço

Art. 127. O funcionário terá direito, após cada período de 5 (cinco) anos, contínuos ou não, à percepção de adicional por tempo de serviço, calculado à razão de 5% (cinco por cento) sobre o vencimento ou remuneração, a que se incorpora para todos os efeitos.

Parágrafo único. O adicional por tempo de serviço será concedido pela autoridade competente, na forma que for estabelecida em regulamento.

Art. 128. A apuração do quinquênio será feita em dias e o total convertido em anos, considerados estes sempre como de 365 (trezentos e sessenta e cinco) dias.

Art. 129. (Vetado).

Art. 130. O funcionário que completar 25 (vinte e cinco) anos de efetivo exercício perceberá mais a sexta-parte do vencimento ou remuneração, a estes incorporada para todos os efeitos.

Art. 131. O funcionário que exercer cumulativamente cargos ou funções, terá direito aos adicionais de que trata esta Seção, isoladamente, referentes a cada cargo ou a função.

Art. 132. O ocupante de cargo em comissão fará jus aos adicionais previstos nesta Seção, calculados sobre o vencimento que perceber no exercício desse cargo, enquanto nele permanecer.

Art. 133. Ao funcionário no exercício de cargo em substituição aplica-se o disposto no artigo anterior.

Art. 134. Para efeito dos adicionais a que se refere esta Seção, será computado o tempo de serviço, na forma estabelecida nos arts. 76 e 78.

Seção III – Das Gratificações

Art. 135. Poderá ser concedida gratificação ao funcionário:

I – pela prestação de serviço extraordinário;

II – pela elaboração ou execução de trabalho técnico ou científico ou de utilidade para o serviço público;

III – a título de representação, quando em função de gabinete, missão ou estudo fora do Estado ou designação para função de confiança do Governador;

IV – quando designado para fazer parte de órgão legal de deliberação coletiva; e

V – outras que forem previstas em lei.

Art. 136. A gratificação pela prestação de serviço extraordinário será paga por hora de trabalho prorrogado ou antecipado com base na remuneração da hora normal de trabalho, acrescida de 50% (cinquenta por cento) do seu valor;

[*] Art. 136, *caput*, com redação dada pela LC nº 1.361/2021.

Parágrafo único. A prestação de serviço extraordinário não poderá exceder a 2 (duas) horas diárias de trabalho.

Art. 137. É vedado conceder gratificação por serviço extraordinário, com o objetivo de remunerar outros serviços ou encargos.

§ 1º. O funcionário que receber importância relativa a serviço extraordinário que não prestou, será obrigado a restituí-la de uma só vez, ficando ainda sujeito à punição disciplinar.

§ 2º. Será responsabilizada a autoridade que infringir o disposto no *caput* deste artigo.

Art. 138. Será punido com pena de suspensão e, na reincidência, com a de demissão, a bem do serviço público, o funcionário:

I – que atestar falsamente a prestação de serviço extraordinário; e

II – que se recusar, sem justo motivo, à prestação de serviço extraordinário.

Art. 139. O funcionário que exercer cargo de direção não poderá perceber gratificação por serviço extraordinário.

§ 1º. O disposto neste artigo não se aplica durante o período em que subordinado de titular de cargo nele mencionado venha a perceber, em consequência do acréscimo da gratificação por serviço extraordinário, quantia que iguale ou ultrapasse o valor do padrão do cargo de direção.

§ 2º. Aos titulares de cargos de direção, para efeito do parágrafo anterior, apenas será paga gratificação por serviço extraordinário correspondente à quantia a esse título percebida pelo subordinado de padrão mais elevado.

Art. 140. A gratificação pela elaboração ou execução de trabalho técnico ou científico, ou de utilidade para o serviço, será arbitrada pelo Governador, após sua conclusão.

Art. 141. A gratificação a título de representação, quando o funcionário for designado para serviço ou estudo fora do Estado, será arbitrada pelo Governador, ou por autoridade que a lei determinar, podendo ser percebida cumulativamente com a diária.

Art. 142. A gratificação relativa ao exercício em órgão legal de deliberação coletiva, será fixada pelo Governador.

Art. 143. A gratificação de representação de gabinete, fixada em regulamento, não poderá ser percebida cumulativamente com a referida no inciso I do art. 135.

Seção IV – Das Diárias

Art. 144. Ao funcionário que se deslocar temporariamente da respectiva sede, no desempenho de suas atribuições, ou em missão ou estudo, desde que relacionados com o cargo que exerce, poderá ser concedida, além do transporte, uma diária a título de indenização das despesas de alimentação e pousada.

§ 1º. Não será concedida diária ao funcionário removido ou transferido durante o período de trânsito.

§ 2º. Não caberá a concessão de diária quando o deslocamento de funcionário constituir exigência permanente do cargo ou função.

§ 3º. Entende-se por sede o município onde o funcionário tem exercício.

§ 4º. O disposto no *caput* deste artigo não se aplica aos casos de missão ou estudo fora do País.

§ 5º. As diárias relativas aos deslocamentos de funcionários para outros Estados e Distrito Federal, serão fixadas por decreto.

Art. 145. O valor das diárias será fixado em decreto.

[*] Art. 145 com redação dada pelo art. 43 da Lei Complementar nº 556, de 15.7.1988.

Parágrafo único. As diárias para os cargos sujeitos ao regime de remuneração serão fixadas em decreto do Poder Executivo, obedecidos os limites que forem estabelecidos para os demais cargos.

Art. 146. A tabela de diárias, bem como as autoridades que as concederem, deverão constar de Decreto.

Art. 147. O funcionário que indevidamente receber diária, será obrigado a restituí-la de uma só vez, ficando ainda sujeito à punição disciplinar.

Art. 148. É vedado conceder diárias com o objetivo de remunerar outros encargos ou serviços.

Parágrafo único. Será responsabilizada a autoridade que infringir o disposto neste artigo.

Seção V – Das Ajudas de Custo

Art. 149. A juízo da Administração, poderá ser concedida ajuda de custo ao funcionário que no interesse do serviço passar a ter exercício em nova sede.

§ 1º. A ajuda de custo destina-se a indenizar o funcionário das despesas de viagens e de nova instalação.

§ 2º. O transporte do funcionário e de sua família compreende passagens e bagagem e correrá por conta do Governo.

Art. 150. A ajuda de custo, desde que em território do País, será arbitrada pelos Secretários de Estado, não podendo exceder importância correspondente a 3 (três) vezes o valor do padrão do cargo.

Parágrafo único. O regulamento fixará o critério para o arbitramento, tendo em vista o número de pessoas que acompanham o funcionário, as condições de vida na nova sede, a distância a ser percorrida, o tempo de viagem e os recursos orçamentários disponíveis.

Art. 151. Não será concedida ajuda de custo:

I – ao funcionário que se afastar da sede ou a ela voltar, em virtude de mandato eletivo; e

II – ao que for afastado junto a outras administrações.

Parágrafo único. O funcionário que recebeu ajuda de custo, se for obrigado a mudar de sede dentro do período de 2 (dois) anos poderá receber, apenas 2/3 (dois terços) do benefício que lhe caberia.

Art. 152. Quando o funcionário for incumbido de serviço que o obrigue a permanecer fora da sede por mais de 30 (trinta) dias, poderá receber ajuda de custo sem prejuízos das diárias que lhe couberem.

Parágrafo único. A importância dessa ajuda de custo será fixada na forma do art. 150, não podendo exceder a quantia relativa a 1 (uma) vez o valor do padrão do cargo.

Art. 153. Restituirá a ajuda de custo que tiver recebido:

I – o funcionário que não seguir para a nova sede dentro dos prazos fixados, salvo motivo independente de sua vontade, devidamente comprovado sem prejuízo da pena disciplinar cabível;

II – o funcionário que, antes de concluir o serviço que lhe foi cometido, regressar da nova sede, pedir exoneração ou abandonar o cargo.

§ 1º. A restituição poderá ser feita parceladamente, a juízo da autoridade que houver concedido a ajuda de custo, salvo no caso de recebimento indevido, em que a importância por devolver será descontada integralmente do vencimento ou remuneração, sem prejuízo da pena disciplinar cabível.

§ 2º. A responsabilidade pela restituição de que trata este artigo, atinge exclusivamente a pessoa do funcionário.

§ 3º. Se o regresso do funcionário for determinado pela autoridade competente ou por motivo de força maior devidamente comprovada, não ficará ele obrigado a restituir a ajuda de custo.

Art. 154. Caberá também ajuda de custo ao funcionário designado para serviço ou estudo no estrangeiro.

Parágrafo único. A ajuda de custo de que trata este artigo será arbitrada pelo Governador.

Seção VI – Do Salário-Família e do Salário-Esposa

Art. 155. O salário-família será concedido ao funcionário ou ao inativo por:

I – filho menor de 18 (dezoito) anos; e

II – filho inválido de qualquer idade.

Parágrafo único. Consideram-se dependentes, desde que vivam totalmente ou parcialmente às expensas do funcionário, os filhos de qualquer condição, os enteados e os adotivos, equiparando-se a estes os tutelados sem meios próprios de subsistência.

Art. 156. A invalidez que caracteriza a dependência é a incapacidade total e permanente para o trabalho.

Art. 157. Quando o pai e a mãe tiverem ambos a condição de funcionário público ou de inativo e viverem em comum, o salário-família será concedido a um deles.

Parágrafo único. Se não viverem em comum, será concedido ao que tiver os dependentes sob a sua guarda, ou a ambos, de acordo com a distribuição de dependentes.

Art. 158. Ao pai e à mãe equiparam-se o padrasto e a madrasta e, na falta destes, os representantes legais dos incapazes.

Art. 158-A. Fica assegurada, nas mesmas bases e condições, ao cônjuge supérstite ou ao responsável legal pelos filhos do casal, a percepção do salário-família a que tinha direito o funcionário ou inativo falecido.

[*] Art. 158-A acrescentado pela LC nº 177, de 28.4.1978.

Art. 159. A concessão e a supressão do salário-família serão processadas na forma estabelecida em lei.

Art. 160. Não será pago o salário-família nos casos em que o funcionário deixar de perceber o respectivo vencimento ou remuneração.

Parágrafo único. O disposto neste artigo não se aplica aos casos disciplinares e penais, nem aos de licença por motivo de doença em pessoa da família.

Art. 161. É vedada a percepção de salário-família por dependente em relação ao qual já esteja sendo pago este benefício por outra entidade pública federal, estadual ou municipal, ficando o infrator sujeito às penalidades da lei.

Art. 162. (Revogado).

[*] Art. 162 revogado pela LC nº 1.361/2021.

Seção VII – Outras Concessões Pecuniárias

Art. 163. O Estado assegurará ao funcionário o direito de pleno ressarcimento de danos ou prejuízos, decorrentes de acidentes no trabalho, do exercício em determinadas zonas ou locais e da execução de trabalho especial com risco de vida ou saúde.

Art. 164. Ao funcionário licenciado para tratamento de saúde poderá ser concedido transporte se decorrente do tratamento, inclusive para pessoa de sua família.

Art. 165. Poderá ser concedido transporte à família do funcionário, quando este falecer fora da sede de exercício, no desempenho de serviço.

§ 1º. A mesma concessão poderá ser feita à família do funcionário falecido fora do Estado.

§ 2º. Só serão atendidos os pedidos de transporte formulados dentro do prazo de 1 (um) ano, a partir da data em que houver falecido o funcionário.

Art. 166. (Revogado).

[*] Art. 166 revogado pelo Decreto-Lei, sem número, de 27.2.1970.

Art. 167. A concessão de que trata o artigo anterior só poderá ser deferida ao funcionário que se encontre no exercício do cargo e mantenha contato com o público, pagando ou recebendo em moeda corrente.

Art. 168. Ao cônjuge, ao companheiro ou companheira ou, na falta destes, à pessoa que provar ter feito despesas em virtude do falecimento de funcionário ativo ou inativo será concedido auxílio-funeral, a título de benefício assistencial, de valor correspondente a 1 (um) mês da respectiva remuneração.

§ 1º. O pagamento será efetuado pelo órgão competente, mediante apresentação de atestado de óbito pelas pessoas indicadas no *caput* deste artigo, ou procurador legalmente habilitado, feita a prova de identidade.

§ 2º. No caso de integrante da carreira de Agente de Segurança Penitenciária ou da classe de Agente de Escolta e Vigilância Penitenciária, se ficar comprovado, por meio de competente apuração, que o óbito decorreu de lesões recebidas no exercício de suas funções, o benefício será acrescentado do valor correspondente a mais 1 (um) mês da respectiva remuneração, cujo pagamento será efetivado mediante apresentação de alvará judicial.

§ 3º. O pagamento do benefício previsto neste artigo, caso as despesas tenham sido custeadas por terceiros, em virtude da contratação de planos funerários, somente será efetivado mediante apresentação de alvará judicial.

[*] Art. 168 com redação dada pela LC nº 1.123, de 1º.7.2010.

Art. 169. O Governo do Estado poderá conceder prêmios em dinheiro, dentro das dotações orçamentárias próprias, aos funcionários autores dos melhores trabalhos, classificados em concursos de monografias de interesse para o serviço público.

Art. 170. (Revogado).

[*] Art. 170 revogado pelo Decreto-Lei nº 24, de 28.3.1969.

CAPÍTULO III – DAS ACUMULAÇÕES REMUNERADAS

Art. 171. É vedada a acumulação remunerada, exceto:

I – a de um juiz e um cargo de professor;

II – a de dois cargos de professor;

III – a de um cargo de professor e outro técnico ou científico; e

IV – a de dois cargos privativos de médico.

§ 1º. Em qualquer dos casos, a acumulação somente é permitida quando haja correlação de matérias e compatibilidade de horários.

§ 2º. A proibição de acumular se estende a cargos, funções ou empregos em autarquias, empresas públicas e sociedades de economia mista.

§ 3º. A proibição de acumular proventos não se aplica aos aposentados, quanto ao exercício de mandato eletivo, cargo em comissão ou ao contrato para prestação de serviços técnicos ou especializados.

Art. 172. O funcionário ocupante de cargo efetivo, ou em disponibilidade, poderá ser nomeado para cargo em comissão, perdendo, durante o exercício desse cargo, o vencimento ou remuneração do cargo efetivo ou o provento, salvo se optar pelo mesmo.

Art. 173. Não se compreende na proibição de acumular, desde que tenha correspondência com a função principal, a percepção das vantagens enumeradas no art. 124.

Art. 174. Verificado, mediante processo administrativo, que o funcionário está acumulando fora das condições previstas neste Capítulo, será ele demitido de todos os cargos e funções e obrigado a restituir o que indevidamente houver recebido.

§ 1º. Provada a boa-fé, o funcionário será mantido no cargo ou função que exercer a mais tempo.

§ 2º. Em caso contrário, o funcionário demitido ficará ainda inabilitado pelo prazo de 5 (cinco) anos para o exercício de função ou cargo público, inclusive em entidades que exerçam função delegada do poder público ou são por este mantidas ou administradas.

Art. 175. As autoridades civis e os chefes de serviço, bem como os diretores ou responsáveis pelas entidades referidas no § 2º do artigo anterior e os fiscais ou representantes dos poderes públicos junto às mesmas, que tiveram conhecimento de que qualquer dos seus subordinados ou qualquer empregado da empresa sujeita à fiscalização está no exercício de acumulação proibida, farão a devida comunicação ao órgão competente, para os fins indicados no artigo anterior.

Parágrafo único. Qualquer cidadão poderá denunciar a existência de acumulação ilegal.

TÍTULO V
DOS DIREITOS E VANTAGENS EM GERAL

CAPÍTULO I – DAS FÉRIAS

Art. 176. O funcionário terá direito ao gozo de 30 (trinta) dias de férias anuais, observada a escala que for aprovada.

§ 1º. É proibido levar à conta de férias qualquer falta ao trabalho.

§ 2º. É proibida a acumulação de férias, salvo por absoluta necessidade de serviço e pelo máximo de 2 (dois) anos consecutivos.

§ 3º. O período de férias será reduzido para 20 (vinte) dias, se o funcionário, no exercício anterior, tiver, considerados em conjunto, mais de 10 (dez) não comparecimentos correspondentes a faltas justificadas e injustificadas ou às licenças previstas nos itens IV, VI e VII do art. 181.

[*] § 3º com redação dada pela LC nº 1.361/2021.

§ 4º. Durante as férias, o funcionário terá direito a todas as vantagens, como se estivesse em exercício.

Art. 177. Atendido o interesse do serviço, o funcionário poderá gozar férias de uma só vez ou em dois períodos iguais.

Art. 178. Somente depois do primeiro ano de exercício no serviço público, adquirirá o funcionário direito a férias.

Parágrafo único. Será contado para efeito deste artigo o tempo de serviço prestado em outro cargo público, desde que entre a cessação do anterior e o início do subsequente exercício não haja interrupção superior a 10 (dez) dias.

Art. 179. Caberá ao chefe da repartição ou do serviço, organizar, no mês de dezembro, a escala de férias para o ano seguinte, que poderá alterar de acordo com a conveniência do serviço.

Art. 180. O funcionário transferido ou removido quando em gozo de férias, não será obrigado a apresentar-se antes de terminá-las.

CAPÍTULO II – DAS LICENÇAS

Seção I – Disposições Gerais

Art. 181. O funcionário efetivo poderá ser licenciado:

I – para tratamento de saúde;

II – quando acidentado no exercício de suas atribuições ou acometido por doença profissional;

III – no caso previsto no art. 198;

IV – por motivo de doença em pessoa de sua família;

V – para cumprir obrigações concernentes ao serviço militar;

VI – para tratar de interesses particulares;

VII – no caso previsto no art. 205;

VIII – compulsoriamente, como medida profilática;

IX – como prêmio de assiduidade;

X – para doação de tecidos, de órgãos, de parte de órgãos e de partes do corpo vivo para fins terapêuticos ou de transplantes intervivos, nas hipóteses autorizadas pela legislação federal e mediante inspeção médica, observado o estabelecido em decreto.

[*] Inciso X acrescentado pela LC nº 1.361/2021.

§ 1º. Ao funcionário ocupante exclusivamente de cargo em comissão serão concedidas as licenças previstas neste artigo, salvo as referidas nos incisos IV, VI e VII.

§ 2º. As licenças previstas nos incisos I a III serão concedidas ao funcionário de que trata o § 1º deste artigo mediante regras estabelecidas pelo regime geral de previdência social.

[*] Art. 181 com redação dada pela LC nº 1.123, de 1º.7.2010.

Art. 182. As licenças dependentes de inspeção médica serão concedidas pelo prazo indicado pelos órgãos oficiais competentes.

[*] Art. 182 com redação dada pela LC nº 1.123, de 1º.7.2010.

Parágrafo único. A licença prevista no inciso X do art. 181 não poderá ser concedida mais de uma vez por ano, salvo nos casos de doação de medula óssea para o mesmo receptor.

[*] Parágrafo único acrescentado pela LC nº 1.361/2021.

Art. 183. Finda a licença, o funcionário deverá reassumir, imediatamente, o exercício do cargo.

[*] Art. 183, *caput*, com redação dada pela LC nº 1.123, de 1º.7.2010.

§ 1º. O disposto no *caput* deste artigo não se aplica às licenças previstas nos incisos V e VII do art. 181, quando em prorrogação.

[*] § 1º com redação dada pela LC nº 1.123, de 1º.7.2010.

§ 2º. A infração do disposto no *caput* deste artigo importará perda total do vencimento ou remuneração correspondente ao período de ausência e, se esta exceder 15 (quinze) dias consecutivos, ficará o funcionário sujeito à pena de demissão por inassiduidade.

[*] § 2º com redação dada pela LC nº 1.361/2021.

Art. 184. O funcionário licenciado nos termos dos itens I a IV do art. 181, é obrigado a reassumir o exercício, se for considerado apto em inspeção médica realizada *ex officio* ou se não subsistir a doença na pessoa de sua família.

Parágrafo único. O funcionário poderá desistir da licença, desde que em inspeção médica fique comprovada a cessação dos motivos determinantes da licença.

Art. 185. As licenças previstas nos incisos I, II e IV do art. 181 não serão concedidas em prorrogação, cabendo ao funcionário ou à autoridade competente ingressar, quando for o caso, com um novo pedido.

[*] Art. 185 com redação dada pela LC nº 1.123, de 1º.7.2010.

Art. 186. (Revogado).

[*] Art. 186 revogado pela LC nº 1.123, de 1º.7.2010.

Art. 187. O funcionário afastado em licença para tratamento de saúde ou por acidente de trabalho não poderá dedicar-se a atividade remunerada, sob pena de ser cassada a licença, sujeitando-se, também, à apuração de responsabilidade funcional.

[*] Art. 187 com redação dada pela LC nº 1.361/2021.

Art. 188. (Revogado).

[*] Art. 188 revogado pela LC nº 1.123, de 1º.7.2010.

Art. 189. (Revogado).

[*] Art. 189 revogado pela LC nº 1.123, de 1º.7.2010.

Art. 190. O funcionário que se recusar a submeter-se à inspeção médica, quando julgada necessária, será punido com pena de suspensão.

Parágrafo único. A suspensão cessará no dia em que se realizar a inspeção.

Seção II – Da Licença para Tratamento de Saúde

Art. 191. Ao funcionário que, por motivo de saúde, estiver impossibilitado para o exercício do cargo, será concedida licença até o máximo de 4 (quatro) anos, com vencimento ou remuneração.

[*] Art. 191, *caput*, com redação dada pela LC nº 1.196, de 27.2.2013.

§ 1º. Findo o prazo previsto neste artigo, o funcionário será submetido à inspeção médica e aposentado, desde que verificada a sua invalidez, permitindo-se o licenciamento além desse prazo, quando não se justificar a aposentadoria.

§ 2º. Será obrigatória a reversão do aposentado, desde que cessados os motivos determinantes da aposentadoria.

Art. 192. O funcionário ocupante de cargo em comissão poderá ser aposentado, nas condições do artigo anterior, desde que preencha os requisitos do art. 227.

Art. 193. A licença para tratamento de saúde dependerá de inspeção médica oficial e poderá ser concedida:

I – a pedido do funcionário;

II – *ex officio*.

§ 1º. A inspeção médica de que trata o *caput* deste artigo poderá ser dispensada, a critério do órgão oficial, quando a análise documental for suficiente para comprovar a incapacidade laboral, observado o estabelecido em decreto.

§ 2º. A licença *ex officio* de que trata o inciso II deste artigo será concedida por decisão do órgão oficial:

1 – quando as condições de saúde do funcionário assim o determinarem;

2 – a pedido do órgão de origem do funcionário.

[*] Art. 193 com redação dada pela LC nº 1.196, de 27.2.2013.

§ 3º. (Revogado).

[*] § 3º revogado pela LC nº 1.361/2021.

Seção III
Da Licença ao Funcionário Acidentado no Exercício de suas Atribuições ou Atacado de Doença Profissional

Art. 194. O funcionário acidentado no exercício de suas atribuições ou que tenha adquirido doença profissional terá direito à licença com vencimento ou remuneração.

Parágrafo único. Considera-se também acidente:

1 – a agressão sofrida e não provocada pelo funcionário, no exercício de suas funções;

2 – a lesão sofrida pelo funcionário, quando em trânsito, no percurso usual para o trabalho.

[*] Art. 194 com redação dada pela LC nº 1.123, de 1º.7.2010.

Art. 195. A licença prevista no artigo anterior não poderá exceder de 4 (quatro) anos.

Parágrafo único. No caso de acidente, verificada a incapacidade total para qualquer função pública, será desde logo concedida aposentadoria ao funcionário.

Art. 196. A comprovação do acidente, indispensável para a concessão da licença, será feita em procedimento próprio, que deverá iniciar-se no prazo de 10 (dez) dias, contados da data do acidente.

§ 1º. O funcionário deverá requerer a concessão da licença de que trata o *caput* deste artigo junto ao órgão de origem.

§ 2º. Concluído o procedimento de que trata o *caput* deste artigo caberá ao órgão médico oficial a decisão.

§ 3º. O procedimento para a comprovação do acidente de que trata este artigo deverá ser cumprido pelo órgão de origem do funcionário, ainda que não venha a ser objeto de licença.

[*] Art. 196 com redação dada pela LC nº 1.123, de 1º.7.2010.

Art. 197. Para a conceituação do acidente e da doença profissional, serão adotados os critérios da legislação federal de acidentes do trabalho.

Seção IV – Da Licença à Funcionária Gestante

Art. 198. À funcionária gestante será concedida licença de 180 (cento e oitenta) dias com vencimento ou remuneração, observado o seguinte:

[*] Art. 198, *caput*, com redação dada pela LC nº 1.196, de 27.2.2013.

I – a licença poderá ser concedida a partir da 32ª (trigésima segunda) semana de gestação, mediante documentação médica que comprove a gravidez e a respectiva idade gestacional;

[*] Inciso I com redação dada pela LC nº 1.196, de 27.2.2013.

II – ocorrido o parto, sem que tenha sido requerida a licença, será esta concedida mediante a apresentação da certidão de nascimento e vigorará a partir da data do evento, podendo retroagir até 15 (quinze) dias;

III – durante a licença, cometerá falta grave a servidora que exercer qualquer atividade remunerada ou mantiver a criança em creche ou organização similar;

Parágrafo único. No caso de natimorto, será concedida a licença para tratamento de saúde, a critério médico, na forma prevista no art. 193.

[*] Art. 198 com redação dada pela LC nº 1.054, de 7.7.2008.

Seção V
Da Licença por Motivo de Doença em Pessoa da Família

Art. 199. O funcionário poderá obter licença, por motivo de doença do cônjuge e de parentes até segundo grau.

§ 1º. Provar-se-á a doença em inspeção médica na forma prevista no art. 193.

§ 2º. A licença de que trata este artigo será concedida com vencimentos ou remuneração até 1 (um) mês e com os seguintes descontos:

1 – de 1/3 (um terço), quando exceder a 1 (um) mês até 3 (três);

2 – 2/3 (dois terços), quando exceder a 3 (três) até 6 (seis);

3 – sem vencimento ou remuneração do sétimo ao vigésimo mês.

§ 3º. Para os efeitos do § 2º deste artigo, serão somadas as licenças concedidas durante o período de 20 (vinte) meses, contado da primeira concessão.

[*] Art. 199 com redação dada pela LC nº 1.123, de 1º.7.2010.

Seção VI
Da Licença para Atender a Obrigações Concernentes ao Serviço Militar

Art. 200. Ao funcionário que for convocado para o serviço militar e outros encargos da segurança nacional, será concedida licença sem vencimento ou remuneração.

§ 1º. A licença será concedida mediante comunicação do funcionário ao chefe da repartição ou do serviço, acompanhada de documentação oficial que prove a incorporação.

§ 2º. O funcionário desincorporado reassumirá imediatamente o exercício, sob pena de demissão por inassiduidade, se a ausência exceder 15 (quinze) dias consecutivos.

[*] § 2º com redação dada pela LC nº 1.361/2021.

§ 3º. Quando a desincorporação se verificar em lugar diverso do da sede, os prazos para apresentação serão os previstos no art. 60.

Art. 201. Ao funcionário que houver feito curso para ser admitido como oficial da reserva das Forças Armadas, será também concedida licença sem vencimento ou remuneração, durante os estágios prescritos pelos regulamentos militares.

Seção VII – Da Licença para Tratar de Interesses Particulares

Art. 202. Depois de 5 (cinco) anos de exercício, o funcionário poderá obter licença, sem vencimento ou remuneração, para tratar de interesses particulares, pelo prazo máximo de 2 (dois) anos.

§ 1º. Poderá ser negada a licença quando o afastamento do funcionário for inconveniente ao interesse do serviço.

§ 2º. O funcionário deverá aguardar em exercício a concessão da licença.

§ 3º. A licença poderá ser gozada parceladamente, a juízo da Administração, desde que dentro do período de 3 (três) anos.

§ 4º. O funcionário poderá desistir da licença, a qualquer tempo, reassumindo o exercício em seguida.

Art. 203. Não será concedida licença para tratar de interesses particulares ao funcionário nomeado, removido ou transferido, antes de assumir o exercício do cargo.

Art. 204. Só poderá ser concedida nova licença depois de decorridos 5 (cinco) anos do término da anterior.

Seção VIII
Da Licença à Funcionária Casada com Funcionário ou Militar

Art. 205. A funcionária casada com funcionário estadual ou com militar terá direito à licença, sem vencimento ou remuneração, quando o marido for mandado servir, independentemente de solicitação, em outro ponto do Estado ou do território nacional ou no estrangeiro.

Parágrafo único. A licença será concedida mediante pedido devidamente instruído e vigorará pelo tempo que durar a comissão ou a nova função do marido.

Seção IX – Da Licença Compulsória

Art. 206. O funcionário, ao qual se possa atribuir a condição de fonte de infecção de doença transmissível, poderá ser licenciado enquanto durar essa condição, a juízo de autoridade sanitária competente, e na forma prevista no regulamento.

Art. 207. Verificada a procedência da suspeita, o funcionário será licenciado para tratamento de saúde na forma prevista no art. 191, considerando-se incluídos no período da licença os dias de licenciamento compulsório.

Art. 208. Quando não positivada a moléstia, deverá o funcionário retornar ao serviço, considerando-se como de efetivo exercício para todos os efeitos legais, o período de licença compulsória.

Seção X – Da Licença-Prêmio

Art. 209. O funcionário terá direito, como prêmio de assiduidade, à licença de 90 (noventa) dias em cada período de 5 (cinco) anos de exercício ininterrupto, em que não haja sofrido qualquer penalidade administrativa.

Parágrafo único. O período da licença será considerado de efetivo exercício para todos os efeitos legais, e não acarretará desconto algum no vencimento ou remuneração.

Art. 210. Para fins da licença prevista nesta Seção, não se consideram interrupção de exercício:

I – os afastamentos enumerados no art. 78;

[*] Inciso I com redação dada pela LC nº 1.361/2021.

II – as faltas justificadas e os dias de licença a que se referem os itens I e IV do art. 181, desde que o total de todas essas ausências não exceda o limite máximo de 25 (vinte e cinco) dias, no período de 5 (cinco) anos.

[*] Inciso II com redação dada pela LC nº 1.361/2021.

Art. 211. (Revogado).

[*] Art. 211 revogado pela LC nº 318, de 10.3.1983.

Art. 212. A licença-prêmio será concedida mediante certidão de tempo de serviço, independente de requerimento do funcionário, e será publicada no Diário Oficial do Estado, nos termos da legislação em vigor.

[*] Art. 212 com redação dada pela LC nº 1.048, de 10.6.2008.

Art. 213. O funcionário poderá requerer o gozo da licença-prêmio:

I – por inteiro ou em parcelas não inferiores a 15 (quinze) dias;

II – até o implemento das condições para a aposentadoria voluntária.

§ 1º. Caberá à autoridade competente:

1 – adotar, após manifestação do chefe imediato, sem prejuízo para o serviço, as medidas necessárias para que o funcionário possa gozar a licença-prêmio a que tenha direito;

2 – decidir, após manifestação do chefe imediato, observada a opção do funcionário e respeitado o interesse do serviço, pelo gozo da licença-prêmio por inteiro ou parceladamente.

§ 2º. A apresentação de pedido de passagem à inatividade, sem a prévia e oportuna apresentação do requerimento de gozo, implicará perda do direito à licença-prêmio.

[*] Art. 213 com redação dada pela LC nº 1.048, de 10.6.2008.

Art. 214. O funcionário deverá aguardar em exercício a apreciação do requerimento de gozo da licença-prêmio.

Parágrafo único. O gozo da licença-prêmio dependerá de novo requerimento, caso não se inicie em até 30 (trinta) dias contados da publicação do ato que o houver autorizado.

[*] Art. 212 com redação dada pela LC nº 1.048, de 10.6.2008.

Art. 215. (Revogado).

[*] Art. 215 revogado pela LC nº 644, de 26.12.1989.

Art. 216. (Revogado).

[*] Art. 216 revogado pela LC nº 644, de 26.12.1989.

CAPÍTULO III – DA ESTABILIDADE

Art. 217. É assegurada a estabilidade somente ao funcionário que, nomeado por concurso, contar mais de 2 (dois) anos de efetivo exercício.

Art. 218. O funcionário estável só poderá ser demitido em virtude de sentença judicial ou mediante processo administrativo, assegurada ampla defesa.

Parágrafo único. A estabilidade diz respeito ao serviço público e não ao cargo, ressalvando-se à Administração o direito de aproveitar o funcionário em outro cargo de igual padrão, de acordo com as suas aptidões.

CAPÍTULO IV – DA DISPONIBILIDADE

Art. 219. O funcionário poderá ser posto em disponibilidade remunerada:

I – no caso previsto no § 2º do art. 31; e

II – quando, tendo adquirido estabilidade, o cargo for extinto por lei.

Parágrafo único. O funcionário ficará em disponibilidade até o seu obrigatório aproveitamento em cargo equivalente.

Art. 220. O provento da disponibilidade não poderá ser superior ao vencimento ou remuneração e vantagens percebidos pelo funcionário.

Art. 221. Qualquer alteração do vencimento ou remuneração e vantagens percebidas pelo funcionário em virtude de medida geral, será extensiva ao provento do disponível, na mesma proporção.

CAPÍTULO V – DA APOSENTADORIA

Art. 222. O funcionário será aposentado:

I – por invalidez;

II – compulsoriamente, aos 70 (setenta) anos; e

III – voluntariamente, após 35 (trinta e cinco) anos de serviço.

§ 1º. No caso do item III, o prazo é reduzido a 30 (trinta) anos para as mulheres.

§ 2º. Os limites de idade e de tempo de serviço para a aposentadoria poderão ser reduzidos, nos termos do parágrafo único do art. 94 da Constituição do Estado de São Paulo.

Art. 223. A aposentadoria prevista no item I do artigo anterior, só será concedida, após a comprovação da invalidez do funcionário, mediante inspeção de saúde realizada em órgão médico oficial.

Art. 224. A aposentadoria compulsória prevista no item II do art. 222 é automática.

Parágrafo único. O funcionário se afastará no dia imediato àquele em que atingir a idade-limite, independentemente da publicação do ato declaratório da aposentadoria.

Art. 225. O funcionário em disponibilidade poderá ser aposentado nos termos do art. 222.

Art. 226. O provento da aposentadoria será:

I – igual ao vencimento ou remuneração e demais vantagens pecuniárias incorporadas para esse efeito:

1. quando o funcionário, do sexo masculino, contar 35 (trinta e cinco) anos de serviço e do feminino, 30 (trinta) anos; e

2. quando ocorrer a invalidez.

II – proporcional ao tempo de serviço, nos demais casos.

Art. 227. As disposições dos itens I e II do art. 222 aplicam-se ao funcionário ocupante de cargo em comissão, que contar mais de 15 (quinze) anos de exercício ininterrupto nesse cargo, seja ou não ocupante de cargo de provimento efetivo.

Art. 228. A aposentadoria prevista no item III do art. 222 produzirá efeito a partir da publicação do ato no *Diário Oficial*.

Art. 229. O pagamento dos proventos a que tiver direito o aposentado deverá iniciar-se no mês seguinte ao em que cessar a percepção do vencimento ou remuneração.

Art. 230. O provento do aposentado só poderá sofrer descontos autorizados em lei.

Art. 231. O provento da aposentadoria não poderá ser superior ao vencimento ou remuneração e demais vantagens percebidas pelo funcionário.

Art. 232. Qualquer alteração do vencimento ou remuneração e vantagens percebidas pelo funcionário em virtude de medida geral será extensiva ao provento do aposentado, na mesma proporção.

CAPÍTULO VI – DA ASSISTÊNCIA AO FUNCIONÁRIO

Art. 233. Nos trabalhos insalubres executados pelos funcionários, o Estado é obrigado a fornecer-lhes gratuitamente equipamentos de proteção à saúde.

Parágrafo único. Os equipamentos aprovados por órgão competente serão de uso obrigatório dos funcionários, sob pena de suspensão.

Art. 234. Ao funcionário é assegurado o direito de remoção para igual cargo no local de residência do cônjuge, se este também for funcionário e houver vaga.

Art. 235. Havendo vaga na sede do exercício de ambos os cônjuges, a remoção poderá ser feita para o local indicado por qualquer deles, desde que não prejudique o serviço.

Art. 236. Somente será concedida nova remoção por união de cônjuges ao funcionário que for removido a pedido para outro local, após transcorridos 5 (cinco) anos.

Art. 237. Considera-se local, para os fins dos arts. 234 a 236, o município onde o cônjuge tem sua residência.

Art. 238. O ato que remover ou transferir o funcionário estudante de uma para outra cidade ficará suspenso se, na nova sede, não existir estabelecimento congênere, oficial, reconhecido ou equiparado àquele em que o interessado esteja matriculado.

§ 1º. Efetivar-se-á a transferência, se o funcionário concluir o curso, deixar de cursá-lo ou for reprovado durante 2 (dois) anos.

§ 2º. Anualmente, o interessado deverá fazer prova, perante a repartição a que esteja subordinado, de que está frequentando regularmente o curso em que estiver matriculado.

CAPÍTULO VII – DO DIREITO DE PETIÇÃO

Art. 239. É assegurado a qualquer pessoa, física ou jurídica, independentemente de pagamento, o direito de petição contra ilegalidade ou abuso de poder e para defesa de direitos.

§ 1º. Qualquer pessoa poderá reclamar sobre abuso, erro, omissão ou conduta incompatível no serviço público.

§ 2º. Em nenhuma hipótese, a Administração poderá recusar-se a protocolar, encaminhar ou apreciar a petição, sob pena de responsabilidade do agente.

[*] Art. 239 com redação dada pela LC nº 942, de 6.6.2003.

Art. 240. Ao servidor é assegurado o direito de requerer ou representar, bem como, nos termos desta Lei Complementar, pedir reconsideração e recorrer de decisões, no prazo de 30 (trinta) dias, salvo previsão legal específica.

[*] Art. 240 com redação dada pela LC nº 942, de 6.6.2003.

TÍTULO VI
DOS DEVERES, DAS PROIBIÇÕES E DAS RESPONSABILIDADES

CAPÍTULO I – DOS DEVERES E DAS PROIBIÇÕES

Seção I – Dos Deveres

Art. 241. São deveres do funcionário:

I – ser assíduo e pontual;

II – cumprir as ordens superiores, representando quando forem manifestamente ilegais;

III – desempenhar com zelo e presteza os trabalhos de que for incumbido;

IV – guardar sigilo sobre os assuntos da repartição e, especialmente, sobre despachos, decisões ou providências;

V – representar aos superiores sobre todas as irregularidades de que tiver conhecimento no exercício de suas funções;

VI – tratar com urbanidade as pessoas;

[*] Inciso VI com redação dada pela LC nº 1.096, de 24.9.2009.

VII – residir no local onde exerce o cargo ou, onde autorizado;

VIII – providenciar para que esteja sempre em ordem, no assentamento individual, a sua declaração de família;

IX – zelar pela economia do material do Estado e pela conservação do que for confiado à sua guarda ou utilização;

X – apresentar-se convenientemente trajado em serviço ou com uniforme determinado, quando for o caso;

XI – atender prontamente, com preferência sobre qualquer outro serviço, às requisições de papéis, documentos, informações ou providências que lhe forem feitas pelas autoridades judiciárias ou administrativas, para defesa do Estado, em Juízo;

XII – cooperar e manter espírito de solidariedade com os companheiros de trabalho;

XIII – estar em dia com as leis, regulamentos, regimentos, instruções e ordens de serviço que digam respeito às suas funções; e

XIV – proceder na vida pública e privada na forma que dignifique a função pública.

Parágrafo único. Será considerado cumprido o dever a que se refere o inciso I deste artigo quando o funcionário apresentar denúncia sobre referida irregularidade diretamente à unidade de ouvidoria do órgão ou entidade a que esteja vinculado, ou a outro órgão da Administração com competência para apuração da irregularidade.

[*] Parágrafo único acrescentado pela LC nº 1.419, de 27.12.2024.

Seção II – Das Proibições

Art. 242. Ao funcionário é proibido:

I – (revogado);

[*] Inciso I revogado pela LC nº 1.096, de 24.9.2009.

II – retirar, sem prévia permissão da autoridade competente, qualquer documento ou objeto existente na repartição;

III – entreter-se, durante as horas de trabalho, em palestras, leituras ou outras atividades estranhas ao serviço;

IV – deixar de comparecer ao serviço sem causa justificada;

V – tratar de interesses particulares na repartição;

VI – promover manifestações de apreço ou desapreço dentro da repartição, ou tornar-se solidário com elas;

VII – exercer comércio entre os companheiros de serviço, promover ou subscrever listas de donativos dentro da repartição; e

VIII – empregar material do serviço público em serviço particular.

Art. 243. É proibido ainda, ao funcionário:

I – fazer contratos de natureza comercial e industrial com o Governo, por si, ou como representante de outrem;

II – participar da gerência ou administração de empresas bancárias ou industriais, ou de sociedades comerciais, que mantenham relações comerciais ou administrativas com o Governo do Estado, sejam por este subvencionadas ou estejam diretamente relacionadas com a finalidade da repartição ou serviço em que esteja lotado;

III – requerer ou promover a concessão de privilégios, garantias de juros ou outros favores semelhantes, federais, estaduais ou municipais, exceto privilégio de invenção própria;

IV – exercer, mesmo fora das horas de trabalho, emprego ou função em empresas, estabelecimentos ou instituições que tenham relações com o Governo, em matéria que se relacione com a finalidade da repartição ou serviço em que esteja lotado;

V – aceitar representação de Estado estrangeiro, sem autorização do Presidente da República;

VI – comerciar ou ter parte em sociedades comerciais nas condições mencionadas no item II deste artigo, podendo, em qualquer caso, ser acionista, quotista ou comanditário;

VII – incitar greves ou a elas aderir, ou praticar atos de sabotagem contra o serviço público;

VIII – praticar a usura;

IX – constituir-se procurador de partes ou servir de intermediário perante qualquer repartição pública, exceto quando se tratar de interesse de cônjuge ou parente até segundo grau;

X – receber estipêndios de firmas fornecedoras ou de entidades fiscalizadas, no País, ou no estrangeiro, mesmo quando estiver em missão referente à compra de material ou fiscalização de qualquer natureza;

XI – valer-se de sua qualidade de funcionário para desempenhar atividade estranha às funções ou para lograr, direta ou indiretamente, qualquer proveito; e

XII – fundar sindicato de funcionários ou deles fazer parte.

Parágrafo único. Não está compreendida na proibição dos itens II e VI deste artigo, a participação do funcionário em sociedades em que o Estado seja acionista, bem assim na direção ou gerência de cooperativas e associações de classe, ou como seu sócio.

Art. 243-A. O disposto no art. 243, inciso IV, desta Lei, não se aplica ao funcionário de órgão ou entidade concedente de estágio que atuar como professor orientador.

Parágrafo único. O funcionário de que trata o *caput* deste artigo deverá evitar qualquer conflito de interesses e estará sujeito, inclusive, aos deveres de:

1 – comunicar, ao superior hierárquico, qualquer circunstância, suspeição ou fato impeditivo de sua participação em decisão a ser tomada no âmbito da unidade administrativa;

2 – abster-se de atuar nos processos ou procedimentos em que houver interesse da instituição de ensino.

[*] Art. 243-A acrescentado pela LC nº 1.361/2021.

Art. 244. É vedado ao funcionário trabalhar sob as ordens imediatas de parentes, até segundo grau, salvo quando se tratar de função de confiança e livre escolha, não podendo exceder a 2 (dois) o número de auxiliares nessas condições.

CAPÍTULO II – DAS RESPONSABILIDADES

Art. 245. O funcionário é responsável por todos os prejuízos que, nessa qualidade, causar à Fazenda Estadual, por dolo ou culpa, devidamente apurados.

Parágrafo único. Caracteriza-se especialmente a responsabilidade:

I – pela sonegação de valores e objetos confiados à sua guarda ou responsabilidade, ou por não prestar contas, ou por não as tomar, na forma e no prazo estabelecidos nas leis, regulamentos, regimentos, instruções e ordens de serviço;

II – pelas faltas, danos, avarias e quaisquer outros prejuízos que sofrerem os bens e os materiais sob sua guarda, ou sujeitos a seu exame ou fiscalização;

III – pela falta ou inexatidão das necessárias averbações nas notas de despacho, guias e outros documentos da receita, ou que tenham com eles relação; e

IV – por qualquer erro de cálculo ou redução contra a Fazenda Estadual.

Art. 246. O funcionário que adquirir materiais em desacordo com disposições legais e regulamentares, será responsabilizado pelo respectivo custo, sem prejuízo das penalidades disciplinares cabíveis, podendo-se proceder ao desconto no seu vencimento ou remuneração.

Art. 247. Nos casos de indenização à Fazenda Estadual, o funcionário será obrigado a repor, de uma só vez, a importância do prejuízo causado em virtude de alcance, desfalque, remissão ou omissão em efetuar recolhimento ou entrada nos prazos legais.

Art. 248. Fora dos casos incluídos no artigo anterior, a importância da indenização poderá ser descontada do vencimento ou remuneração, não excedendo o desconto à 10ª (décima) parte do valor destes.

Parágrafo único. No caso do item IV do parágrafo único do art. 245, não tendo havido má-fé, será aplicada a pena de repreensão e, na reincidência, a de suspensão.

Art. 249. Será igualmente responsabilizado o funcionário que, fora dos casos expressamente previstos nas leis, regulamentos ou regimentos, cometer a pessoas estranhas às repartições, o desempenho de encargos que lhe competirem ou aos seus subordinados.

Art. 250. A responsabilidade administrativa não exime o funcionário da responsabilidade civil ou criminal que no caso couber, nem o pagamento da indenização a que ficar obrigado, na forma dos arts. 247 e 248, o exame da pena disciplinar em que incorrer.

§ 1º. A responsabilidade administrativa é independente da civil e da criminal.

[*] § 1º acrescentado pela LC nº 942, de 6.6.2003.

§ 2º. Será reintegrado ao serviço público, no cargo que ocupava e com todos os direitos e vantagens devidas, o servidor absolvido pela Justiça, mediante simples comprovação do trânsito em julgado de decisão que negue a existência de sua autoria ou do fato que deu origem à sua demissão.

[*] § 2º acrescentado pela LC nº 942, de 6.6.2003.

§ 3º. O processo administrativo só poderá ser sobrestado para aguardar decisão judicial por despacho motivado da autoridade competente para aplicar a pena.

[*] § 3º acrescentado pela LC nº 942, de 6.6.2003.

TÍTULO VII
DAS PENALIDADES, DA EXTINÇÃO DA PUNIBILIDADE, DAS PROVIDÊNCIAS PRELIMINARES, DAS PRÁTICAS AUTOCOMPOSITIVAS, DO TERMO DE AJUSTAMENTO DE CONDUTA E DA SUSPENSÃO CONDICIONAL DA SINDICÂNCIA

[*] Nome do Título VII com redação dada pela LC nº 1.361/2021.

CAPÍTULO I – DAS PENALIDADES E DE SUA APLICAÇÃO

Art. 251. São penas disciplinares:

I – repreensão;

II – suspensão;

III – multa;

IV – demissão;

V – demissão a bem do serviço público; e

VI – cassação de aposentadoria ou disponibilidade.

Art. 252. Na aplicação das penas disciplinares serão consideradas a natureza e a gravidade da infração e os danos que dela provierem para o serviço público.

Art. 253. A pena de repreensão será aplicada por escrito, nos casos de indisciplina ou falta de cumprimento dos deveres.

Art. 254. A pena de suspensão, que não excederá de 90 (noventa) dias, será aplicada em caso de falta grave ou de reincidência.

§ 1º. O funcionário suspenso perderá todas as vantagens e direitos decorrentes do exercício do cargo.

§ 2º. A autoridade que aplicar a pena de suspensão poderá converter essa penalidade em multa, na base de 50% (cinquenta por cento) por dia de vencimento ou remuneração, sendo o funcionário, nesse caso, obrigado a permanecer em serviço.

Art. 255. A pena de multa será aplicada na forma e nos casos expressamente previstos em lei ou regulamento.

Art. 256. Será aplicada a pena de demissão nos casos de:

I – (revogado);

[*] Inciso I revogado pela LC nº 1.361/2021.

II – procedimento irregular, de natureza grave;

III – ineficiência no serviço;

IV – aplicação indevida de dinheiros públicos; e

V – inassiduidade.

[*] Inciso V com redação dada pela LC nº 1.361/2021.

§ 1º. Considerar-se-á inassiduidade a ausência ao serviço, sem causa justificável, por mais de 15 (quinze) dias consecutivos, ou por mais de 20 (vinte) dias úteis intercalados, durante 1 (um) ano.

[*] § 1º com redação dada pela LC nº 1.361/2021.

§ 2º. A pena de demissão por ineficiência no serviço, só será aplicada quando verificada a impossibilidade de readaptação.

§ 3º. Para configuração do ilícito administrativo de inassiduidade em razão da ausência ao serviço por mais de 15 (quinze) dias consecutivos, observar-se-á o seguinte:

1 – serão computados os sábados, os domingos, os feriados e os pontos facultativos subsequentes à primeira falta;

2 – se o funcionário cumprir a jornada de trabalho sob regime de plantão, além dos sábados, dos domingos, dos feriados e dos pontos facultativos, serão computados os dias de folga subsequentes aos plantões a que tenha faltado.

[*] § 3º acrescentado pela LC nº 1.361/2021.

Art. 257. Será aplicada a pena de demissão a bem do serviço público ao funcionário que:

I – for convencido de incontinência pública e escandalosa e de vício de jogos proibidos;

II – praticar ato definido como crime contra a administração pública, a fé pública e a Fazenda Estadual, ou previsto nas leis relativas à segurança e à defesa nacional;

[*] Inciso II com redação dada pela LC nº 942, de 6.6.2003.

III – revelar segredos de que tenha conhecimento em razão do cargo, desde que o faça dolosamente e com prejuízo para o Estado ou particulares;

IV – praticar insubordinação grave;

V – praticar, em serviço, ofensas físicas contra funcionários ou particulares, salvo se em legítima defesa;

VI – lesar o patrimônio ou os cofres públicos;

VII – receber ou solicitar propinas, comissões, presentes ou vantagens de qualquer espécie, diretamente ou por intermédio de outrem, ainda que fora de suas funções mas em razão delas;

VIII – pedir, por empréstimo, dinheiro ou quaisquer valores a pessoas que tratem de interesses ou o tenham na repartição, ou estejam sujeitos à sua fiscalização;

IX – exercer advocacia administrativa; e

X – apresentar com dolo declaração falsa em matéria de salário-família, sem prejuízo da responsabilidade civil e de procedimento criminal, que no caso couber;

XI – praticar ato definido como crime hediondo, tortura, tráfico ilícito de entorpecentes e drogas afins e terrorismo;

[*] Inciso XI acrescentado pela LC nº 942, de 6.6.2003.

XII – praticar ato definido como crime contra o Sistema Financeiro, ou de lavagem ou ocultação de bens, direitos ou valores;

[*] Inciso XII acrescentado pela LC nº 942, de 6.6.2003.

XIII – praticar ato definido em lei como de improbidade.

[*] Inciso XIII acrescentado pela LC nº 942, de 6.6.2003.

Art. 258. O ato que demitir o funcionário mencionará sempre a disposição legal em que se fundamenta.

Art. 259. Será aplicada a pena de cassação de aposentadoria ou disponibilidade, se ficar provado que o inativo:

I – praticou, quando em atividade, falta grave para a qual é cominada nesta Lei a pena de demissão ou de demissão a bem do serviço público;

II – aceitou ilegalmente cargo ou função pública;

III – aceitou representação de Estado estrangeira sem prévia autorização do Presidente da República; e

IV – praticou a usura em qualquer de suas formas.

Art. 260. Para aplicação das penalidades previstas no art. 251, são competentes:

I – o Governador;

II – os Secretários de Estado, o Procurador Geral do Estado, o Controlador Geral do Estado e os Superintendentes de Autarquia;

[*] Inciso II com redação dada pela LC nº 1.419, de 27.12.2024.

III – os Chefes de Gabinete, até a de suspensão;

IV – os Coordenadores, até a de suspensão limitada a 60 (sessenta) dias; e

V – os Diretores de Departamento e Divisão, até a de suspensão limitada a 30 (trinta) dias.

Parágrafo único. Havendo mais de um infrator e diversidade de sanções, a competência será da autoridade responsável pela imposição da penalidade mais grave.

[*] Art. 260 com redação dada pela LC nº 942, de 6.6.2003.

Art. 261. Extingue-se a punibilidade pela prescrição:

I – da falta sujeita à pena de repreensão, suspensão ou multa, em 2 (dois) anos;

II – da falta sujeita à pena de demissão, de demissão a bem do serviço público e de cassação da aposentadoria ou disponibilidade, em 5 (cinco) anos;

III – da falta prevista em lei como infração penal, no prazo de prescrição em abstrato da pena criminal, se for superior a 5 (cinco) anos.

§ 1º. A prescrição começa a correr:

1 – do dia em que a falta for cometida;

2 – do dia em que tenha cessado a continuação ou a permanência, nas faltas continuadas ou permanentes.

§ 2º. Interrompem a prescrição a portaria que instaura sindicância e a que instaura processo administrativo.

§ 3º. O lapso prescricional corresponde:

1 – na hipótese de desclassificação da infração, ao da pena efetivamente aplicada;

2 – na hipótese de mitigação ou atenuação, ao da pena em tese cabível.

§ 4º. A prescrição não corre:

1 – enquanto sobrestado o processo administrativo para aguardar decisão judicial, na forma do § 3º do art. 250;

2 – enquanto insubsistente o vínculo funcional que venha a ser restabelecido.

3. durante a suspensão da sindicância, nos termos do art. 267-N desta Lei;

[*] Item 3 acrescentado pela LC nº 1.361/2021.

4. no curso das práticas autocompositivas;

[*] Item 4 acrescentado pela LC nº 1.361/2021.

5. durante o prazo estabelecido para o cumprimento do Termo de Ajustamento de Conduta.

[*] Item 5 acrescentado pela LC nº 1.361/2021.

§ 5º. Extinta a punibilidade pela prescrição, a autoridade julgadora determinará o registro do fato nos assentamentos individuais do servidor.

§ 6º. A decisão que reconhecer a existência de prescrição deverá desde logo determinar, quando for o caso, as providências necessárias à apuração da responsabilidade pela sua ocorrência.

[*] Art. 261 com redação dada pela LC nº 942, de 6.6.2003.

Art. 262. O funcionário que, sem justa causa, deixar de atender a qualquer exigência para cujo cumprimento seja marcado prazo certo, terá suspenso o pagamento de seu vencimento ou remuneração até que satisfaça essa exigência.

Parágrafo único. Aplica-se aos aposentados ou em disponibilidade o disposto neste artigo.

Art. 263. Deverão constar do assentamento individual do funcionário todas as penas que lhe forem impostas.

CAPÍTULO II – DAS PROVIDÊNCIAS PRELIMINARES

[*] Nome do Capítulo II com redação dada pela LC nº 942, de 6.6.2003.

Art. 264. A autoridade que, por qualquer meio, tiver conhecimento de irregularidade praticada por funcionário adotará providências visando à sua imediata apuração, sem prejuízo das medidas urgentes que o interesse da Administração exigir, podendo submeter o caso às práticas autocompositivas ou propor celebração de termo de ajustamento de conduta.

[*] Art. 264 com redação dada pela LC nº 1.361/2021.

Parágrafo único. A autoridade poderá, desde logo, submeter o caso às práticas autocompositivas, especialmente nas situações em que evidenciada a ocorrência de conflitos interpessoais, objetivando sempre a melhor solução para resguardar o interesse público.

[*] Parágrafo único acrescentado pela LC nº 1.361/2021.

Art. 265. A autoridade realizará apuração preliminar, de natureza simplesmente investigativa, quando a infração não estiver suficientemente caracterizada ou definida autoria.

§ 1º. A apuração preliminar deverá ser concluída no prazo de 30 (trinta) dias.

§ 2º. Não concluída no prazo a apuração, a autoridade deverá imediatamente encaminhar ao Chefe de Gabinete relatório das diligências realizadas e definir o tempo necessário para o término dos trabalhos.

§ 3º. Ao concluir a apuração preliminar, a autoridade deverá opinar fundamentadamente pelo arquivamento ou pela instauração de sindicância ou de processo administrativo.

[*] Art. 265 com redação dada pela LC nº 942, de 6.6.2003.

Art. 266. Determinada a instauração de sindicância ou processo administrativo, ou no seu curso, havendo conveniência para a instrução ou para o serviço, poderá o Chefe de Gabinete, por despacho fundamentado, ordenar as seguintes providências:

I – afastamento preventivo do servidor, quando o recomendar a moralidade administrativa ou a apuração do fato, sem prejuízo de vencimentos ou vantagens, até 180 (cento e oitenta) dias, prorrogáveis uma única vez por igual período;

II – designação do servidor acusado para o exercício de atividades exclusivamente burocráticas até decisão final do procedimento;

III – recolhimento de carteira funcional, distintivo, armas e algemas;

IV – proibição do porte de armas;

V – comparecimento obrigatório, em periodicidade a ser estabelecida, para tomar ciência dos atos do procedimento.

§ 1º. A autoridade que determinar a instauração ou presidir sindicância ou processo administrativo poderá representar ao Chefe de Gabinete para propor a aplicação das medidas previstas neste artigo, bem como sua cessação ou alteração.

§ 2º. O Chefe de Gabinete poderá, a qualquer momento, por despacho fundamentado, fazer cessar ou alterar as medidas previstas neste artigo.

[*] Art. 266 com redação dada pela LC nº 942, de 6.6.2003.

Art. 267. O período de afastamento preventivo computa-se como de efetivo exercício, não sendo descontado da pena de suspensão eventualmente aplicada.

[*] Art. 267 com redação dada pela LC nº 942, de 6.6.2003.

Art. 267-A. A autoridade competente para determinar a apuração de irregularidade e a instauração de sindicância ou processo administrativo e a responsável por sua condução ficam autorizados, mediante despacho fundamentado, a propor as práticas autocompositivas, a celebração de Termo de Ajustamento de Conduta, bem como a suspensão condicional da sindicância, nos termos desta Lei.

[*] Art. 267-A acrescentado pela LC nº 1.361/2021 e com redação dada pela LC nº 1.419, de 27.12.2024.

Art. 267-B. As práticas autocompositivas, a serem regulamentadas por decreto, serão orientadas pelos princípios da voluntariedade, corresponsabilidade, reparação do dano, confidencialidade, informalidade, consensualidade e celeridade, observado o seguinte:

I – as sessões serão conduzidas por facilitador de justiça restaurativa ou mediador devidamente capacitado e realizadas em ambiente adequado que resguarde a privacidade dos participantes e a confidencialidade de suas manifestações;

II – a participação do funcionário será voluntária e a eventual recusa não poderá ser considerada em seu desfavor.

§ 1º. São práticas autocompositivas a mediação, a conciliação, os processos circulares e outras técnicas de justiça restaurativa.

§ 2º. Para aplicação das práticas autocompositivas, é necessário que as partes reconheçam os fatos essenciais, sem que isso implique admissão de culpa em eventual sindicância ou processo administrativo.

§ 3º. O conteúdo das sessões restaurativas é sigiloso, não podendo ser utilizado como prova em processo administrativo ou judicial.

[*] Art. 267-B acrescentado pela LC nº 1.361/2021.

Art. 267-C. A autoridade competente para determinar a apuração de irregularidade e a instauração de sindicância ou processo administrativo e a responsável por sua condução poderão, em qualquer fase, encaminhar o caso para as práticas autocompositivas, mediante despacho fundamentado.

[*] Art. 267-C, *caput*, acrescentado pela LC nº 1.361/2021 e com redação dada pela LC nº 1.419, de 27.12.2024.

§ 1º. O encaminhamento às práticas autocompositivas poderá ocorrer de forma alternativa ou concorrente à sindicância ou ao processo administrativo.

§ 2º. Se o encaminhamento às práticas autocompositivas se der de forma alternativa ao procedimento disciplinar, o despacho fundamentado a que se refere este artigo suspenderá o prazo prescricional, enquanto realizadas.

[*] Art. 267-C acrescentado pela LC nº 1.361/2021.

Art. 267-D. O acordo celebrado na sessão autocompositiva será homologado pela autoridade administrativa competente para determinar a instauração da sindicância ou pela responsável por sua condução.

[*] Art. 267-D, *caput*, com redação dada pela LC nº 1.419, de 27.12.2024.

§ 1º. O cumprimento do acordo celebrado na sessão autocompositiva extingue a punibilidade nos casos em que, cumulativamente:

1. a conduta do funcionário não gerou prejuízo ao Erário ou este foi integralmente reparado;

2. forem cabíveis, em tese, as penas de repreensão, suspensão e multa.

§ 2º. Nos casos em que o cumprimento do acordo restaurativo não ensejar a extinção da punibilidade, tal acordo deverá ser considerado pela autoridade competente para mitigação da sanção, objetivando sempre a melhor solução para o serviço público.

§ 3º. A extinção da punibilidade, nos termos do § 1º deste artigo, será declarada pelo Chefe de Gabinete, que poderá delegar esta atribuição.

[*] Art. 267-D acrescentado pela LC nº 1.361/2021.

Art. 267-E. O Termo de Ajustamento de Conduta é o instrumento mediante o qual o funcionário assume a responsabilidade pela irregularidade a que deu causa e compromete-se a ajustar sua conduta, bem como a observar os deveres e proibições previstos nas leis e regulamentos que regem suas atividades e reparar o dano, se houver.

Parágrafo único. O Termo de Ajustamento de Conduta poderá ser adotado nos casos de extravio ou dano a bem público que não tenham decorrido de conduta dolosa praticada pelo funcionário, e terá como requisito obrigatório o integral ressarcimento do prejuízo.

[*] Art. 267-E acrescentado pela LC nº 1.361/2021.

Art. 267-F. A celebração do Termo de Ajustamento de Conduta poderá ser proposta pela autoridade competente para a instauração da apuração preliminar quando atendidos os seguintes requisitos relativos ao funcionário interessado:

I – não ter agido com dolo ou má-fé;

II – ter mais de 5 (cinco) anos de efetivo exercício no cargo ou função;

III – não ter sofrido punição de natureza disciplinar nos últimos 5 (cinco) anos;

IV – não ter sindicância ou processo disciplinar em curso;

V – não ter celebrado Termo de Ajustamento de Conduta nos últimos 3 (três) anos.

Parágrafo único. Exclusivamente para os fins do disposto no *caput* deste artigo, o Termo de Ajustamento de Conduta será registrado nos assentos funcionais do funcionário.

[*] Art. 267-F acrescentado pela LC nº 1.361/2021.

Art. 267-G. O Termo de Ajustamento de Conduta será homologado pela autoridade administrativa competente para determinar a instauração da sindicância ou do processo administrativo.

[*] Art. 267-G acrescentado pela LC nº 1.361/2021 e com redação dada pela LC nº 1.419, de 27.12.2024.

Parágrafo único. (Revogado).

[*] Parágrafo único acrescentado pela LC nº 1.361/2021 e revogado pela LC nº 1.419, de 27.12.2024.

Art. 267-H. A proposta de celebração do termo de ajustamento de conduta poderá ser feita de ofício ou a pedido do funcionário interessado.

Parágrafo único. O pedido de celebração de termo de ajustamento de conduta feito pelo funcionário interessado poderá ser indeferido com base em juízo de admissibilidade que conclua pelo não cabimento da medida em relação à irregularidade a ser apurada.

[*] Art. 267-H acrescentado pela LC nº 1.361/2021.

Art. 267-I. O Termo de Ajustamento de Conduta deverá conter:

I – a qualificação do funcionário envolvido;

II – a descrição precisa do fato a que se refere;

III – as obrigações assumidas;

IV – o prazo e a forma de cumprimento das obrigações;

V – a forma de fiscalização das obrigações assumidas.

Parágrafo único. O prazo de cumprimento do Termo de Ajustamento de Conduta não poderá ser inferior a 1 (um), nem superior a 2 (dois) anos.

[*] Art. 267-I acrescentado pela LC nº 1.361/2021.

Art. 267-J. O cumprimento das condições do Termo de Ajustamento de Conduta implicará a extinção da punibilidade, que será declarada pela autoridade competente para instaurar sindicância ou processo administrativo.

[*] Art. 267-J acrescentado pela LC nº 1.361/2021 e com redação dada pela LC nº 1.419, de 27.12.2024.

Parágrafo único. (Revogado).

[*] Parágrafo único, acrescentado pela LC nº 1.361/2021 e revogado pela LC nº 1.419, de 27.12.2024.

Art. 267-L. No caso de descumprimento do termo de ajustamento de conduta, ou cometimento de nova falta funcional durante o prazo de cumprimento do ajuste, a autoridade encarregada da fiscalização providenciará, se necessário, a conclusão da apuração preliminar e a submeterá à autoridade competente para deliberação.

[*] Art. 267-L acrescentado pela LC nº 1.361/2021.

Art. 267-M. Não corre a prescrição durante o prazo fixado para o cumprimento do Termo de Ajustamento de Conduta.

[*] Art. 267-M acrescentado pela LC nº 1.361/2021.

Art. 267-N. Após a edição da portaria de instauração da sindicância, o responsável que a presidir poderá propor sua suspensão pelo prazo de 1 (um) a 2 (dois) anos, desde que o servidor tenha mais de 5 (cinco) anos de exercício no cargo ou função e não registre punição de natureza disciplinar nos últimos 5 (cinco) anos.

§ 1º. O responsável pela condução da sindicância especificará as condições da suspensão, em especial, a apresentação de relatórios trimestrais de atividades e a frequência regular sem faltas injustificadas.

§ 2º. A suspensão será revogada se o beneficiário vier a ser processado por outra falta disciplinar ou se descumprir as condições estabelecidas no § 1º deste artigo, prosseguindo, nestes casos, o procedimento disciplinar cabível.

§ 3º. Expirado o prazo da suspensão e tendo sido cumpridas suas condições, o responsável pela condução da sindicância encaminhará os autos à autoridade competente para aplicar a pena em tese cabível, para a declaração da extinção da punibilidade.

§ 4º. Não será concedido novo benefício durante o dobro do prazo da anterior suspensão, contado da declaração de extinção da punibilidade, na forma do § 3º deste artigo.

§ 5º. Durante o período da suspensão não correrá prazo prescricional, ficando vedado ao beneficiário ocupar cargo em comissão ou exercer função de confiança.

[*] Art. 267-N acrescentado pela LC nº 1.361/2021 e com redação dada pela LC nº 1.419, de 27.12.2024.

Art. 267-O. Alternativamente à suspensão condicional da sindicância prevista no art. 267-N desta Lei, a sindicância também poderá ser suspensa caso os envolvidos, voluntariamente, concordem com o encaminhamento para as práticas autocompositivas.

Parágrafo único. A sindicância ficará suspensa até o cumprimento do acordo restaurativo, decorrente das práticas autocompositivas, respeitado o prazo máximo de 2 (dois) anos.

[*] Art. 267-O acrescentado pela LC nº 1.361/2021.

Art. 267-P. A Controladoria Geral do Estado, como órgão central do Sistema de Correição, poderá estabelecer condições para a suspensão da sindicância.

[*] Art. 267-P acrescentado pela LC nº 1.361/2021 e com redação dada pela LC nº 1.419, de 27.12.2024.

TÍTULO VIII
DO PROCEDIMENTO DISCIPLINAR

[*] Nome do Título VIII com redação dada pela LC nº 942, de 6.6.2003.

CAPÍTULO I – DAS DISPOSIÇÕES GERAIS

[*] Nome do Capítulo I com redação dada pela LC nº 942, de 6.6.2003.

Art. 268. A apuração das infrações será feita mediante sindicância ou processo administrativo, assegurados o contraditório e a ampla defesa.

[*] Art. 268 com redação dada pela LC nº 942, de 6.6.2003.

Art. 269. Será instaurada sindicância quando a falta disciplinar, por sua natureza, possa determinar as penas de repreensão, suspensão ou multa.

[*] Art. 269, *caput*, com redação dada pela LC nº 942, de 6.6.2003.

Parágrafo único. Não será instaurada sindicância em face de funcionário já exonerado, aposentado, anteriormente demitido ou que, por qualquer razão, tenha deixado de manter vínculo com a Administração Pública.

[*] Parágrafo único acrescentado pela LC nº 1.361/2021.

Art. 270. Será obrigatório o processo administrativo quando a falta disciplinar, por sua natureza, possa determinar as penas de demissão, de demissão a bem do serviço público e de cassação de aposentadoria ou disponibilidade.

[*] Art. 270 com redação dada pela LC nº 942, de 6.6.2003.

Art. 271. Os procedimentos disciplinares punitivos serão presididos por servidores ocupantes de cargos efetivos e confirmados na respectiva carreira.

[*] Art. 271 com redação dada pela LC nº 1.419, de 27.12.2024.

CAPÍTULO II – DA SINDICÂNCIA

[*] Nome do Capítulo II com redação dada pela LC nº 942, de 6.6.2003.

Art. 272. São competentes para determinar a instauração de sindicância as autoridades enumeradas no artigo 260 desta Lei e, concorrentemente, o Controlador Geral do Estado.

§ 1º. Instaurada a sindicância, a autoridade competente para presidi-la comunicará o fato ao órgão setorial de pessoal.

§ 2º. A Controladoria Geral do Estado, órgão central do Sistema de Corregedoria, disciplinará as condições gerais de suspensão da sindicância, observados os requisitos mínimos desta Lei e as peculiaridades dos órgãos e entidades integrantes da Administração Pública.

[*] Art. 272 com redação dada pela LC nº 1.419, de 27.12.2024.

Art. 273. Aplicam-se à sindicância as regras previstas nesta Lei Complementar para o processo administrativo, com as seguintes modificações:

I – a autoridade sindicante e cada acusado poderão arrolar até 3 (três) testemunhas;

II – a sindicância deverá estar concluída no prazo de 60 (sessenta) dias;

III – com o relatório, a sindicância será enviada à autoridade competente para a decisão.

[*] Art. 273 com redação dada pela LC nº 942, de 6.6.2003.

CAPÍTULO III – DO PROCESSO ADMINISTRATIVO

[*] Nome do Capítulo III com redação dada pela LC nº 942, de 6.6.2003.

Art. 274. São competentes para determinar a instauração de processo administrativo as autoridades enumeradas no art. 260 desta Lei, até o inciso IV, inclusive, e, concorrentemente, o Controlador Geral do Estado.

[*] Art. 274 com redação dada pela LC nº 1.419, de 27.12.2024.

Art. 275. Não poderá ser encarregado da apuração, nem atuar como secretário, amigo íntimo ou inimigo, parente consanguíneo ou afim, em linha reta ou colateral, até o terceiro grau inclusive, cônjuge, companheiro ou qualquer integrante do núcleo familiar do denunciante ou do acusado, bem assim o subordinado deste.

[*] Art. 275 com redação dada pela LC nº 942, de 6.6.2003.

Art. 276. A autoridade ou o funcionário designado deverão comunicar, desde logo, à autoridade competente, o impedimento que houver.

[*] Art. 276 com redação dada pela LC nº 942, de 6.6.2003.

Art. 277. O processo administrativo deverá ser instaurado por portaria, no prazo improrrogável de 8 (oito) dias do recebimento da determinação, e concluído no de 90 (noventa) dias da citação do acusado.

§ 1º. Da portaria deverão constar o nome e a identificação do acusado, a infração que lhe é atribuída, com descrição sucinta dos fatos, a indicação das normas infringidas e a penalidade mais elevada em tese cabível.

§ 2º. Vencido o prazo, caso não concluído o processo, o responsável por sua condução deverá imediatamente encaminhar ao seu superior hierárquico relatório indicando as providências faltantes e o tempo necessário para término dos trabalhos.

[*] § 2º com redação dada pela LC nº 1.419, de 27.12.2024.

§ 3º. O superior hierárquico dará ciência dos fatos a que se refere o parágrafo anterior e das providências que houver adotado à autoridade que determinou a instauração do processo.

[*] Art. 277 com redação dada pela LC nº 942, de 6.6.2003.

Art. 278. Autuada a portaria e demais peças preexistentes, designará o presidente dia e hora para audiência de interrogatório, determinando a citação do acusado e a notificação do denunciante, se houver.

§ 1º. O mandado de citação deverá conter:

1 – cópia da portaria;

2 – data, hora e local do interrogatório, que poderá ser acompanhado pelo advogado do acusado;

3 – data, hora e local da oitiva do denunciante, se houver, que deverá ser acompanhada pelo advogado do acusado;

4 – esclarecimento de que o acusado será defendido por advogado dativo, caso não constitua advogado próprio;

5 – informação de que o acusado poderá arrolar testemunhas e requerer provas, no prazo de 3 (três) dias após a data designada para seu interrogatório;

6 – advertência de que o processo será extinto se o acusado pedir exoneração até o interrogatório, quando se tratar exclusivamente de inassiduidade.

[*] Item 6 com redação dada pela LC nº 1.361/2021.

§ 2º. A citação do acusado será feita pessoalmente, no mínimo 2 (dois) dias antes do interrogatório, por intermédio do respectivo superior hierárquico, ou diretamente, onde possa ser encontrado.

§ 3º. Não sendo encontrado em seu local de trabalho ou no endereço constante de seu assentamento individual, furtando-se o acusado à citação ou ignorando-se seu paradeiro, a citação far-se-á por edital, publicado uma vez no Diário Oficial do Estado, no mínimo 10 (dez) dias antes do interrogatório.

[*] Art. 278 com redação dada pela LC nº 942, de 6.6.2003.

Art. 279. Havendo denunciante, este deverá prestar declarações, no interregno entre a data da citação e a fixada para o interrogatório do acusado, sendo notificado para tal fim.

§ 1º. A oitiva do denunciante deverá ser acompanhada pelo advogado do acusado, próprio ou dativo.

§ 2º. O acusado não assistirá à inquirição do denunciante; antes porém de ser interrogado, poderá ter ciência das declarações que aquele houver prestado.

[*] Art. 279 com redação dada pela LC nº 942, de 6.6.2003.

Art. 280. Não comparecendo o acusado, será, por despacho, decretada sua revelia, prosseguindo-se nos demais atos e termos do processo.

[*] Art. 280 com redação dada pela LC nº 942, de 6.6.2003.

Art. 281. Ao acusado revel será nomeado advogado dativo.

[*] Art. 281 com redação dada pela LC nº 942, de 6.6.2003.

Art. 282. O acusado poderá constituir advogado que o representará em todos os atos e termos do processo.

§ 1º. É faculdade do acusado tomar ciência ou assistir aos atos e termos do processo, não sendo obrigatória qualquer notificação.

§ 2º. O advogado será intimado por publicação no Diário Oficial do Estado, de que conste seu nome e número de inscrição na Ordem dos Advogados do Brasil, bem como os dados necessários à identificação do procedimento.

§ 3º. Não tendo o acusado recursos financeiros ou negando-se a constituir advogado, o presidente nomeará advogado dativo.

§ 4º. O acusado poderá, a qualquer tempo, constituir advogado para prosseguir na sua defesa.

[*] Art. 282 com redação dada pela LC nº 942, de 6.6.2003.

Art. 283. Comparecendo ou não o acusado ao interrogatório, inicia-se o prazo de 3 (três) dias para requerer a produção de provas, ou apresentá-las.

§ 1º. O presidente e cada acusado poderão arrolar até 5 (cinco) testemunhas.

§ 2º. A prova de antecedentes do acusado será feita exclusivamente por documentos, até as alegações finais.

§ 3º. Até a data do interrogatório, será designada a audiência de instrução.

[*] Art. 283 com redação dada pela LC nº 942, de 6.6.2003.

Art. 284. Na audiência de instrução, serão ouvidas, pela ordem, as testemunhas arroladas pelo presidente e pelo acusado.

Parágrafo único. Tratando-se de servidor público, seu comparecimento poderá ser solicitado ao respectivo superior imediato com as indicações necessárias.

[*] Art. 284 com redação dada pela LC nº 942, de 6.6.2003.

Art. 285. A testemunha não poderá eximir-se de depor, salvo se for ascendente, descendente, cônjuge, ainda que legalmente separado, companheiro, irmão, sogro e cunhado, pai, mãe ou filho adotivo do acusado, exceto quando não for possível, por outro modo, obter-se ou integrar-se a prova do fato e de suas circunstâncias.

§ 1º. Se o parentesco das pessoas referidas for com o denunciante, ficam elas proibidas de depor, observada a exceção deste artigo.

§ 2º. Ao servidor que se recusar a depor, sem justa causa, será pela autoridade competente adotada a providência a que se refere o art. 262, mediante comunicação do presidente.

§ 3º. O servidor que tiver de depor como testemunha fora da sede de seu exercício, terá direito a transporte e diárias na forma da legislação em vigor, podendo ainda expedir-se precatória para esse efeito à autoridade do domicílio do depoente.

§ 4º. São proibidas de depor as pessoas que, em razão de função, ministério, ofício ou profissão, devam guardar segredo, salvo se, desobrigadas pela parte interessada, quiserem dar o seu testemunho.

[*] Art. 285 com redação dada pela LC nº 942, de 6.6.2003.

Art. 286. A testemunha que morar em comarca diversa poderá ser inquirida pela autoridade do lugar de sua residência, expedindo-se, para esse fim, carta precatória, com prazo razoável, intimada a defesa.

§ 1º. Deverá constar da precatória a síntese da imputação e os esclarecimentos pretendidos, bem como a advertência sobre a necessidade da presença de advogado.

§ 2º. A expedição da precatória não suspenderá a instrução do procedimento.

§ 3º. Findo o prazo marcado, o procedimento poderá prosseguir até final decisão; a todo tempo, a precatória, uma vez devolvida, será juntada aos autos.

[*] Art. 286 com redação dada pela LC nº 942, de 6.6.2003.

Art. 287. As testemunhas arroladas pelo acusado comparecerão à audiência designada independente de notificação.

§ 1º. Deverá ser notificada a testemunha cujo depoimento for relevante e que não comparecer espontaneamente.

§ 2º. Se a testemunha não for localizada, a defesa poderá substituí-la, se quiser, levando na mesma data designada para a audiência outra testemunha, independente de notificação.

[*] Art. 287 com redação dada pela LC nº 942, de 6.6.2003.

Art. 288. Em qualquer fase do processo, poderá o presidente, de ofício ou a requerimento da defesa, ordenar diligências que entenda convenientes.

§ 1º. As informações necessárias à instrução do processo serão solicitadas diretamente, sem observância de vinculação hierárquica, mediante ofício, do qual cópia será juntada aos autos.

§ 2º. Sendo necessário o concurso de técnicos ou peritos oficiais, o presidente os requisitará, observados os impedimentos do art. 275.

[*] Art. 288 com redação dada pela LC nº 942, de 6.6.2003.

Art. 289. Durante a instrução, os autos do procedimento administrativo permanecerão na repartição competente.

§ 1º. Será concedida vista dos autos ao acusado, mediante simples solicitação, sempre que não prejudicar o curso do procedimento.

§ 2º. A concessão de vista será obrigatória, no prazo para manifestação do acusado ou para apresentação de recursos, mediante publicação no Diário Oficial do Estado.

§ 3º. Não corre o prazo senão depois da publicação a que se refere o parágrafo anterior e desde que os autos estejam efetivamente disponíveis para vista.

§ 4º. Ao advogado é assegurado o direito de retirar os autos da repartição, mediante recibo, durante o prazo para manifestação de seu representado, salvo na hipótese de prazo comum, de processo sob regime de segredo de justiça ou quando existirem nos autos documentos originais de difícil restauração ou ocorrer circunstância relevante que justifique a permanência dos autos na repartição, reconhecida pela autoridade em despacho motivado.

[*] Art. 289 com redação dada pela LC nº 942, de 6.6.2003.

Art. 290. Somente poderão ser indeferidos pelo presidente, mediante decisão fundamentada, os requerimentos de nenhum interesse para o esclarecimento do fato, bem como as provas ilícitas, impertinentes, desnecessárias ou protelatórias.

[*] Art. 290 com redação dada pela LC nº 942, de 6.6.2003.

Art. 291. Quando, no curso do procedimento, surgirem fatos novos imputáveis ao acusado, poderá ser promovida a instauração de novo procedimento para sua apuração, ou, caso conveniente, aditada a portaria, reabrindo-se oportunidade de defesa.

[*] Art. 291 com redação dada pela LC nº 942, de 6.6.2003.

Art. 292. Encerrada a fase probatória, dar-se-á vista dos autos à defesa, que poderá apresentar alegações finais, no prazo de 7 (sete) dias.

Parágrafo único. Não apresentadas no prazo as alegações finais, o presidente designará advogado dativo, assinando-lhe novo prazo.

[*] Art. 292 com redação dada pela LC nº 942, de 6.6.2003.

Art. 293. O relatório deverá ser apresentado no prazo de 10 (dez) dias, contados da apresentação das alegações finais.

§ 1º. O relatório deverá descrever, em relação a cada acusado, separadamente, as irregularidades imputadas, as provas colhidas e as razões de defesa, propondo a absolvição ou punição e indicando, nesse caso, a pena que entender cabível.

§ 2º. O relatório deverá conter, também, a sugestão de quaisquer outras providências de interesse do serviço público.

[*] Art. 293 com redação dada pela LC nº 942, de 6.6.2003.

Art. 294. Relatado, o processo será encaminhado à autoridade que determinou sua instauração.

[*] Art. 294 com redação dada pela LC nº 942, de 6.6.2003.

Art. 295. Recebendo o processo relatado, a autoridade que houver determinado sua instauração deverá, no prazo de 20 (vinte) dias, proferir o julgamento ou determinar a realização de diligência, sempre que necessária ao esclarecimento de fatos.

[*] Art. 295 com redação dada pela LC nº 942, de 6.6.2003.

Art. 296. Determinada a diligência, a autoridade encarregada do processo administrativo terá prazo de 15 (quinze) dias para seu cumprimento, abrindo vista à defesa para manifestar-se em 5 (cinco) dias.

[*] Art. 296 com redação dada pela LC nº 942, de 6.6.2003.

Art. 297. Quando escaparem à sua alçada as penalidades e providências que lhe parecerem cabíveis, a autoridade que determinou a instauração do processo administrativo deverá propô-las, justificadamente, dentro do prazo para julgamento, à autoridade competente.

[*] Art. 297 com redação dada pela LC nº 942, de 6.6.2003.

Art. 298. A autoridade que proferir decisão determinará os atos dela decorrentes e as providências necessárias a sua execução.

[*] Art. 298 com redação dada pela LC nº 942, de 6.6.2003.

Art. 299. As decisões serão sempre publicadas no Diário Oficial do Estado, dentro do prazo de 8 (oito) dias, bem como averbadas no registro funcional do servidor.

[*] Art. 299 com redação dada pela LC nº 942, de 6.6.2003.

Art. 300. Terão forma processual resumida, quando possível, todos os termos lavrados pelo secretário, quais sejam: autuação, juntada, conclusão, intimação, data de recebimento, bem como certidões e compromissos.

§ 1º. Toda e qualquer juntada aos autos se fará na ordem cronológica da apresentação, rubricando o presidente as folhas acrescidas.

§ 2º. Todos os atos ou decisões, cujo original não conste do processo, nele deverão figurar por cópia.

[*] Art. 300 com redação dada pela LC nº 942, de 6.6.2003.

Art. 301. Constará sempre dos autos da sindicância ou do processo a folha de serviço do indiciado.

[*] Art. 301 com redação dada pela LC nº 942, de 6.6.2003.

Art. 302. Quando ao funcionário se imputar crime, praticado na esfera administrativa, a autoridade que determinou a instauração do processo administrativo providenciará para que se instaure, simultaneamente, o inquérito policial.

Parágrafo único. Quando se tratar de crime praticado fora da esfera administrativa, a autoridade policial dará ciência dele à autoridade administrativa.

[*] Art. 302 com redação dada pela LC nº 942, de 6.6.2003.

Art. 303. As autoridades responsáveis pela condução do processo administrativo e do inquérito policial se auxiliarão para que os mesmos se concluam dentro dos prazos respectivos.

[*] Art. 303 com redação dada pela LC nº 942, de 6.6.2003.

Art. 304. Quando o ato atribuído ao funcionário for considerado criminoso, serão remetidas à autoridade competente cópias autenticadas das peças essenciais do processo.

[*] Art. 304 com redação dada pela LC nº 942, de 6.6.2003.

Art. 305. Não será declarada a nulidade de nenhum ato processual que não houver influído na apuração da verdade substancial ou diretamente na decisão do processo ou sindicância.

[*] Art. 305 com redação dada pela LC nº 942, de 6.6.2003.

Art. 306. É defeso fornecer à imprensa ou a outros meios de divulgação notas sobre os atos processuais, salvo no interesse da Administração Pública, a juízo do Secretário de Estado, do Controlador Geral do Estado ou do Procurador Geral do Estado.

[*] Art. 306 com redação dada pela LC nº 1.419, de 27.12.2024.

Art. 307. Decorridos 5 (cinco) anos de efetivo exercício, contados do cumprimento da sanção disciplinar, sem cometimento de nova infração, não mais poderá aquela ser considerada em prejuízo do infrator, inclusive para efeito de reincidência.

Parágrafo único. A demissão e a demissão a bem do serviço público acarretam a incompatibilidade para nova investidura em cargo, função ou emprego público, pelo prazo de 5 (cinco) e 10 (dez) anos, respectivamente.

[*] Art. 307 com redação dada pela LC nº 942, de 6.6.2003.

CAPÍTULO IV – DO PROCESSO POR INASSIDUIDADE

[*] Nome do Capítulo IV com redação dada pela LC nº 1.361/2021.

Art. 308. Verificada a ocorrência de faltas ao serviço que caracterizem inassiduidade, o superior imediato comunicará o fato à autoridade competente para determinar a instauração de processo disciplinar, instruindo a representação com cópia da ficha funcional do funcionário e atestados de frequência.

[*] Art. 308 com redação dada pela LC nº 1.361/2021.

Art. 309. Não será instaurado processo para apurar inassiduidade do funcionário que tiver pedido exoneração.

[*] Art. 309 com redação dada pela LC nº 1.361/2021.

Art. 310. Extingue-se o processo instaurado exclusivamente para apurar inassiduidade se o indiciado pedir exoneração até a data designada para o interrogatório, ou por ocasião deste.

[*] Art. 310 com redação dada pela LC nº 1.361/2021.

Art. 311. A defesa somente poderá versar sobre força maior, coação ilegal ou motivo legalmente justificável que impeça o comparecimento ao trabalho.

[*] Art. 311 com redação dada pela LC nº 1.361/2021.

CAPÍTULO V – DOS RECURSOS

[*] Nome do Capítulo V com redação dada pela LC nº 942, de 6.6.2003.

Art. 312. Caberá recurso, por uma única vez, da decisão que aplicar penalidade.

§ 1º. O prazo para recorrer é de 30 (trinta) dias, contados da publicação da decisão impugnada no Diário Oficial do Estado ou da intimação pessoal do servidor, quando for o caso.

§ 2º. Do recurso deverá constar, além do nome e qualificação do recorrente, a exposição das razões de inconformismo.

§ 3º. O recurso será apresentado à autoridade que aplicou a pena, que terá o prazo de 10 (dez) dias para, motivadamente, manter sua decisão ou reformá-la.

§ 4º. Mantida a decisão, ou reformada parcialmente, será imediatamente encaminhada a reexame pelo superior hierárquico.

§ 5º. O recurso será apreciado pela autoridade competente ainda que incorretamente denominado ou endereçado.

[*] Art. 312 com redação dada pela LC nº 942, de 6.6.2003.

Art. 313. Caberá pedido de reconsideração, que não poderá ser renovado, de decisão tomada pelo Governador do Estado em única instância, no prazo de 30 (trinta) dias.

[*] Art. 313 com redação dada pela LC nº 942, de 6.6.2003.

Art. 314. Os recursos de que trata esta Lei Complementar não têm efeito suspensivo; os que forem providos darão lugar às retificações necessárias, retroagindo seus efeitos à data do ato punitivo.

[*] Art. 314 com redação dada pela LC nº 942, de 6.6.2003.

CAPÍTULO VI – DA REVISÃO

[*] Nome do Capítulo VI com redação dada pela LC nº 942, de 6.6.2003.

Art. 315. Admitir-se-á, a qualquer tempo, a revisão de punição disciplinar de que não caiba mais recurso, se surgirem fatos ou circunstâncias ainda não apreciados, ou vícios insanáveis de procedimento, que possam justificar redução ou anulação da pena aplicada.

§ 1º. A simples alegação da injustiça da decisão não constitui fundamento do pedido.

§ 2º. Não será admitida reiteração de pedido pelo mesmo fundamento.

§ 3º. Os pedidos formulados em desacordo com este artigo serão indeferidos.

§ 4º. O ônus da prova cabe ao requerente.

[*] Art. 315 com redação dada pela LC nº 942, de 6.6.2003.

Art. 316. A pena imposta não poderá ser agravada pela revisão.

[*] Art. 316 com redação dada pela LC nº 942, de 6.6.2003.

Art. 317. A instauração de processo revisional poderá ser requerida fundamentadamente pelo interessado ou, se falecido ou incapaz, por seu curador, cônjuge, companheiro, ascendente, descendente ou irmão, sempre por intermédio de advogado.

Parágrafo único. O pedido será instruído com as provas que o requerente possuir ou com indicação daquelas que pretenda produzir.

[*] Art. 317 com redação dada pela LC nº 942, de 6.6.2003.

Art. 318. A autoridade que aplicou a penalidade, ou que a tiver confirmado em grau de recurso, será competente para o exame da admissibilidade do pedido de revisão, bem como, caso deferido o processamento, para a sua decisão final.

[*] Art. 318 com redação dada pela LC nº 942, de 6.6.2003.

Art. 319. Deferido o processamento da revisão, será este realizado por servidor ocupante de cargo efetivo e confirmado na respectiva carreira, e que não tenha funcionado no procedimento disciplinar de que resultou a punição do requerente.

[*] Art. 319 com redação dada pela LC nº 1.419, de 27.12.2024.

Art. 320. Recebido o pedido, o presidente providenciará o apensamento dos autos originais e notificará o requerente para, no prazo de 8 (oito) dias, oferecer rol de testemunhas, ou requerer outras provas que pretenda produzir.

Parágrafo único. No processamento da revisão serão observadas as normas previstas nesta Lei Complementar para o processo administrativo.

[*] Art. 320 com redação dada pela LC nº 942, de 6.6.2003.

Art. 321. A decisão que julgar procedente a revisão poderá alterar a classificação da infração, absolver o punido, modificar a pena ou anular o processo, restabelecendo os direitos atingidos pela decisão reformada.

[*] Art. 321 com redação dada pela LC nº 942, de 6.6.2003.

DISPOSIÇÕES FINAIS

Art. 322. O dia 28 de outubro será consagrado ao "Funcionário Público Estadual".

Art. 323. Os prazos previstos neste Estatuto serão todos contados por dias corridos.

Parágrafo único. Não se computará no prazo o dia inicial, prorrogando-se o vencimento, que incidir em sábado, domingo, feriado ou facultativo, para o primeiro dia útil seguinte.

Art. 324. As disposições deste Estatuto se aplicam aos extranumerários, exceto no que colidirem com a precariedade de sua situação no Serviço Público.

DISPOSIÇÕES TRANSITÓRIAS

Art. 325. Aplicam-se aos atuais funcionários interinos as disposições deste Estatuto, salvo as que colidirem com a natureza precária de sua investidura e, em especial, as relativas a acesso, promoção, afastamentos, aposentadoria voluntária e às licenças previstas nos itens VI, VII e IX do art. 181.

Art. 326. Serão obrigatoriamente exonerados os ocupantes interinos de cargos para cujo provimento for realizado concurso.

Parágrafo único. As exonerações serão efetivadas dentro de 30 (trinta) dias após a homologação do concurso.

Art. 327. (Revogado).

[*] Art. 327 revogado pelo Decreto-Lei nº 60, de 15.5.1969.

Art. 328. Dentro de 120 (cento e vinte) dias proceder-se-á ao levantamento geral das atuais funções gratificadas, para efeito de implantação de novo sistema retribuitório dos encargos por elas atendidos.

Parágrafo único. Até a implantação do sistema de que trata este artigo, continuarão em vigor as disposições legais referentes à função gratificada.

Art. 329. Ficam expressamente revogadas:

I – as disposições de leis gerais ou especiais que estabeleçam contagem de tempo em divergência com o disposto no Capítulo XV do Título II, ressalvada, todavia, a contagem, nos termos da legislação ora revogada, do tempo de serviço prestado anteriormente ao presente Estatuto;

II – a Lei nº 1.309, de 29 de novembro de 1951 e as demais disposições atinentes aos extranumerários; e

III – a Lei nº 2.576, de 14 de janeiro de 1954.

Art. 330. (Vetado).

Art. 331. Revogam-se as disposições em contrário.

Palácio dos Bandeirantes, aos 28 de outubro de 1968.

Roberto Costa de Abreu Sodré

DOE de 29.10.1968

LEI DE IMPROBIDADE ADMINISTRATIVA

LEI FEDERAL Nº 8.429, DE 2 DE JUNHO DE 1992

[*] *Atualizada até o DOU de 3.9.2025.*

Dispõe sobre as sanções aplicáveis em virtude da prática de atos de improbidade administrativa, de que trata o § 4º do art. 37 da Constituição Federal; e dá outras providências.

[*] Ementa com redação dada pela Lei nº 14.230, de 2021.

O Presidente da República,

Faço saber que o Congresso Nacional decreta e eu sanciono a seguinte lei:

Capítulo I
DAS DISPOSIÇÕES GERAIS

Art. 1º. O sistema de responsabilização por atos de improbidade administrativa tutelará a probidade na organização do Estado e no exercício de suas funções, como forma de assegurar a integridade do patrimônio público e social, nos termos desta Lei.

[*] Art. 1º, *caput*, com redação dada pela Lei nº 14.230, de 2021.

Parágrafo único. (Revogado).

[*] Parágrafo único revogado pela Lei nº 14.230, de 2021.

§ 1º. Consideram-se atos de improbidade administrativa as condutas dolosas tipificadas nos arts. 9º, 10 e 11 desta Lei, ressalvados tipos previstos em leis especiais.

[*] § 1º acrescentado pela Lei nº 14.230, de 2021.

§ 2º. Considera-se dolo a vontade livre e consciente de alcançar o resultado ilícito tipificado nos arts. 9º, 10 e 11 desta Lei, não bastando a voluntariedade do agente.

[*] § 2º acrescentado pela Lei nº 14.230, de 2021.

§ 3º. O mero exercício da função ou desempenho de competências públicas, sem comprovação de ato doloso com fim ilícito, afasta a responsabilidade por ato de improbidade administrativa.

[*] § 3º acrescentado pela Lei nº 14.230, de 2021.

§ 4º. Aplicam-se ao sistema da improbidade disciplinado nesta Lei os princípios constitucionais do direito administrativo sancionador.

[*] § 4º acrescentado pela Lei nº 14.230, de 2021.

§ 5º. Os atos de improbidade violam a probidade na organização do Estado e no exercício de suas funções e a integridade do patrimônio público e social dos Poderes Executivo, Legislativo e Judiciário, bem como da administração direta e indireta, no âmbito da União, dos Estados, dos Municípios e do Distrito Federal.

[*] § 5º acrescentado pela Lei nº 14.230, de 2021.

§ 6º. Estão sujeitos às sanções desta Lei os atos de improbidade praticados contra o patrimônio de entidade privada que receba subvenção, benefício ou incentivo, fiscal ou creditício, de entes públicos ou governamentais, previstos no § 5º deste artigo.

[*] § 6º acrescentado pela Lei nº 14.230, de 2021.

§ 7º. Independentemente de integrar a administração indireta, estão sujeitos às sanções desta Lei os atos de improbidade praticados contra o patrimônio de entidade privada para cuja criação ou custeio o erário haja concorrido ou concorra no seu patrimônio ou receita atual, limitado o ressarcimento de prejuízos, nesse caso, à repercussão do ilícito sobre a contribuição dos cofres públicos.

[*] § 7º acrescentado pela Lei nº 14.230, de 2021.

§ 8º. Não configura improbidade a ação ou omissão decorrente de divergência interpretativa da lei, baseada em jurisprudência, ainda que não pacificada, mesmo que não venha a ser posteriormente prevalecente nas decisões dos órgãos de controle ou dos tribunais do Poder Judiciário.

[*] § 8º acrescentado pela Lei nº 14.230, de 2021.

Art. 2º. Para os efeitos desta Lei, consideram-se agente público o agente político, o servidor público e todo aquele que exerce, ainda que transitoriamente ou sem remuneração, por eleição, nomeação, designação, contratação ou qualquer outra forma de investidura ou vínculo, mandato, cargo, emprego ou função nas entidades referidas no art. 1º desta Lei.

[*] Art. 2º, *caput*, com redação dada pela Lei nº 14.230, de 2021.

Parágrafo único. No que se refere a recursos de origem pública, sujeita-se às sanções previstas nesta Lei o particular, pessoa física ou jurídica, que celebra com a administração pública convênio, contrato de repasse, contrato de gestão, termo de parceria, termo de cooperação ou ajuste administrativo equivalente.

[*] Parágrafo único acrescentado pela Lei nº 14.230, de 2021.

Art. 3º. As disposições desta Lei são aplicáveis, no que couber, àquele que, mesmo não sendo agente público, induza ou concorra dolosamente para a prática do ato de improbidade.

[*] Art. 3º, *caput*, com redação dada pela Lei nº 14.230, de 2021.

§ 1º. Os sócios, os cotistas, os diretores e os colaboradores de pessoa jurídica de direito privado não respondem pelo ato de improbidade que venha a ser imputado à pessoa jurídica, salvo se, comprovadamente, houver participação e benefícios diretos, caso em que responderão nos limites da sua participação.

[*] § 1º acrescentado pela Lei nº 14.230, de 2021.

§ 2º. As sanções desta Lei não se aplicarão à pessoa jurídica, caso o ato de improbidade administrativa seja também sancionado como ato lesivo à administração pública de que trata a Lei nº 12.846, de 1º de agosto de 2013.

[*] § 2º acrescentado pela Lei nº 14.230, de 2021.

Art. 4º. (Revogado).

[*] Art. 4º revogado pela Lei nº 14.230, de 2021.

Art. 5º. (Revogado).

[*] Art. 5º revogado pela Lei nº 14.230, de 2021.

Art. 6º. (Revogado).

[*] Art. 6º revogado pela Lei nº 14.230, de 2021.

Art. 7º. Se houver indícios de ato de improbidade, a autoridade que conhecer dos fatos representará ao Ministério Público competente, para as providências necessárias.

[*] Art. 7º, *caput*, com redação dada pela Lei nº 14.230, de 2021.

Parágrafo único. (Revogado).

[*] Parágrafo único revogado pela Lei nº 14.230, de 2021.

Art. 8º. O sucessor ou o herdeiro daquele que causar danos ao erário ou que se enriquecer ilicitamente estão sujeitos apenas à obrigação de repará-lo até o limite do valor da herança ou do patrimônio transferido.

[*] Art. 8º com redação dada pela Lei nº 14.230, de 2021.

Art. 8º-A. A responsabilidade sucessória de que trata o art. 8º desta Lei aplica-se também na hipótese de alteração contratual, de transformação, de incorporação, de fusão ou de cisão societária.

Parágrafo único. Nas hipóteses de fusão e de incorporação, a responsabilidade da sucessora será restrita à obrigação de reparação integral do dano causado, até o limite do patrimônio transferido, não lhe sendo aplicáveis as demais sanções previstas nesta Lei decorrentes de atos e de fatos ocorridos antes da data da fusão ou da incorporação, exceto no caso de simulação ou de evidente intuito de fraude, devidamente comprovados.

[*] Art. 8º-A acrescentado pela Lei nº 14.230, de 2021.

Capítulo II
DOS ATOS DE IMPROBIDADE ADMINISTRATIVA

Seção I
Dos Atos de Improbidade Administrativa que Importam Enriquecimento Ilícito

Art. 9º. Constitui ato de improbidade administrativa importando em enriquecimento ilícito auferir, mediante a prática de ato doloso, qualquer tipo de vantagem patrimonial indevida em razão do exercício de cargo, de mandato, de função, de emprego ou de atividade nas entidades referidas no art. 1º desta Lei, e notadamente:

[*] Art. 9º, *caput*, com redação dada pela Lei nº 14.230, de 2021.

I – receber, para si ou para outrem, dinheiro, bem móvel ou imóvel, ou qualquer outra vantagem econômica, direta ou indireta, a título de comissão, percentagem, gratificação ou presente de quem tenha interesse, direto ou indireto, que possa ser atingido ou amparado por ação ou omissão decorrente das atribuições do agente público;

II – perceber vantagem econômica, direta ou indireta, para facilitar a aquisição, permuta ou locação de bem móvel ou imóvel, ou a contratação de serviços pelas entidades referidas no art. 1º por preço superior ao valor de mercado;

III – perceber vantagem econômica, direta ou indireta, para facilitar a alienação, permuta ou locação de bem público ou o fornecimento de serviço por ente estatal por preço inferior ao valor de mercado;

IV – utilizar, em obra ou serviço particular, qualquer bem móvel, de propriedade ou à disposição de qualquer das entidades referidas no art. 1º desta Lei, bem como o trabalho de servidores, de empregados ou de terceiros contratados por essas entidades;

[*] Inciso IV com redação dada pela Lei nº 14.230, de 2021.

V – receber vantagem econômica de qualquer natureza, direta ou indireta, para tolerar a exploração ou a prática de jogos de azar, de lenocínio, de narcotráfico, de contrabando, de usura ou de qualquer outra atividade ilícita, ou aceitar promessa de tal vantagem;

VI – receber vantagem econômica de qualquer natureza, direta ou indireta, para fazer declaração falsa sobre qualquer dado técnico que envolva obras públicas ou qualquer outro serviço ou sobre quantidade, peso, medida, qualidade ou característica de mercadorias ou bens fornecidos a qualquer das entidades referidas no art. 1º desta Lei;

[*] Inciso VI com redação dada pela Lei nº 14.230, de 2021.

VII – adquirir, para si ou para outrem, no exercício de mandato, de cargo, de emprego ou de função pública, e em razão deles, bens de qualquer natureza, decorrentes dos atos descritos no *caput* deste artigo, cujo valor seja desproporcional à evolução do patrimônio ou à renda do agente público, assegurada a demonstração pelo agente da licitude da origem dessa evolução;

[*] Inciso VII com redação dada pela Lei nº 14.230, de 2021.

VIII – aceitar emprego, comissão ou exercer atividade de consultoria ou assessoramento para pessoa física ou jurídica que tenha interesse suscetível de ser atingido ou amparado por ação ou omissão decorrente das atribuições do agente público, durante a atividade;

IX – perceber vantagem econômica para intermediar a liberação ou aplicação de verba pública de qualquer natureza;

X – receber vantagem econômica de qualquer natureza, direta ou indiretamente, para omitir ato de ofício, providência ou declaração a que esteja obrigado;

XI – incorporar, por qualquer forma, ao seu patrimônio bens, rendas, verbas ou valores integrantes do acervo patrimonial das entidades mencionadas no art. 1º desta Lei;

XII – usar, em proveito próprio, bens, rendas, verbas ou valores integrantes do acervo patrimonial das entidades mencionadas no art. 1º desta Lei.

Seção II
Dos Atos de Improbidade Administrativa que Causam Prejuízo ao Erário

Art. 10. Constitui ato de improbidade administrativa que causa lesão ao erário qualquer ação ou omissão dolosa, que enseje, efetiva e comprovadamente, perda patrimonial, desvio, apropriação, malbaratamento ou dilapidação dos bens ou haveres das entidades referidas no art. 1º desta Lei, e notadamente:

[*] Art. 10, *caput*, com redação dada pela Lei nº 14.230, de 2021.

I – facilitar ou concorrer, por qualquer forma, para a indevida incorporação ao patrimônio particular, de pessoa física ou jurídica, de bens, de rendas, de verbas ou de valores integrantes do acervo patrimonial das entidades referidas no art. 1º desta Lei;

[*] Inciso I com redação dada pela Lei nº 14.230, de 2021.

II – permitir ou concorrer para que pessoa física ou jurídica privada utilize bens, rendas, verbas ou valores integrantes do acervo patrimonial das entidades mencionadas no art. 1º desta Lei, sem a observância das formalidades legais ou regulamentares aplicáveis à espécie;

III – doar à pessoa física ou jurídica bem como ao ente despersonalizado, ainda que de fins educativos ou assistências, bens, rendas, verbas ou valores do patrimônio de qualquer das entidades mencionadas no art. 1º desta Lei, sem observância das formalidades legais e regulamentares aplicáveis à espécie;

IV – permitir ou facilitar a alienação, permuta ou locação de bem integrante do patrimônio de qualquer das entidades referidas no art. 1º desta Lei, ou ainda a prestação de serviço por parte delas, por preço inferior ao de mercado;

V – permitir ou facilitar a aquisição, permuta ou locação de bem ou serviço por preço superior ao de mercado;

VI – realizar operação financeira sem observância das normas legais e regulamentares ou aceitar garantia insuficiente ou inidônea;

VII – conceder benefício administrativo ou fiscal sem a observância das formalidades legais ou regulamentares aplicáveis à espécie;

VIII – frustrar a licitude de processo licitatório ou de processo seletivo para celebração de parcerias com entidades sem fins lucrativos, ou dispensá-los indevidamente, acarretando perda patrimonial efetiva;

[*] Inciso VIII com redação dada pela Lei nº 14.230, de 2021.

IX – ordenar ou permitir a realização de despesas não autorizadas em lei ou regulamento;

X – agir ilicitamente na arrecadação de tributo ou de renda, bem como no que diz respeito à conservação do patrimônio público;

[*] Inciso X com redação dada pela Lei nº 14.230, de 2021.

XI – liberar verba pública sem a estrita observância das normas pertinentes ou influir de qualquer forma para a sua aplicação irregular;

XII – permitir, facilitar ou concorrer para que terceiro se enriqueça ilicitamente;

XIII – permitir que se utilize, em obra ou serviço particular, veículos, máquinas, equipamentos ou material de qualquer natureza, de propriedade ou à disposição de qualquer das entidades mencionadas no art. 1º desta Lei, bem como o trabalho de servidor público, empregados ou terceiros contratados por essas entidades.

XIV – celebrar contrato ou outro instrumento que tenha por objeto a prestação de serviços públicos por meio da gestão associada sem observar as formalidades previstas na lei;

[*] Inciso XIV acrescentado pela Lei nº 11.107, de 2005.

XV – celebrar contrato de rateio de consórcio público sem suficiente e prévia dotação orçamentária, ou sem observar as formalidades previstas na lei.

[*] Inciso XV acrescentado pela Lei nº 11.107, de 2005.

XVI – facilitar ou concorrer, por qualquer forma, para a incorporação, ao patrimônio particular de pessoa física ou jurídica, de bens, rendas, verbas ou valores públicos transferidos pela administração pública a entidades privadas mediante celebração de parcerias, sem a observância das formalidades legais ou regulamentares aplicáveis à espécie;

[*] Inciso XVI acrescentado pela Lei nº 13.019, de 2014.

XVII – permitir ou concorrer para que pessoa física ou jurídica privada utilize bens, rendas, verbas ou valores públicos transferidos pela administração pública a entidade privada mediante celebração de parcerias, sem a observância das formalidades legais ou regulamentares aplicáveis à espécie;

[*] Inciso XVII acrescentado pela Lei nº 13.019, de 2014.

XVIII – celebrar parcerias da administração pública com entidades privadas sem a observância das formalidades legais ou regulamentares aplicáveis à espécie;

[*] Inciso XVIII acrescentado pela Lei nº 13.019, de 2014.

XIX – agir para a configuração de ilícito na celebração, na fiscalização e na análise das prestações de contas de parcerias firmadas pela administração pública com entidades privadas;

[*] Inciso XIX com redação dada pela Lei nº 14.230, de 2021.

XX – liberar recursos de parcerias firmadas pela administração pública com entidades privadas sem a estrita observância das normas pertinentes ou influir de qualquer forma para a sua aplicação irregular.

[*] Inciso XX acrescentado pela Lei nº 13.019, de 2014, e com redação dada pela Lei nº 13.204, de 2015.

XXI – (Revogado);

[*] Inciso XXI revogado pela Lei nº 14.230, de 2021.

XXII – conceder, aplicar ou manter benefício financeiro ou tributário contrário ao que dispõem o *caput* e o § 1º do art. 8º-A da Lei Complementar nº 116, de 31 de julho de 2003.

[*] Inciso XXII acrescentado pela Lei nº 14.230, de 2021.

§ 1º. Nos casos em que a inobservância de formalidades legais ou regulamentares não implicar perda patrimonial efetiva, não ocorrerá imposição de ressarcimento, vedado o enriquecimento sem causa das entidades referidas no art. 1º desta Lei.

[*] § 1º acrescentado pela Lei nº 14.230, de 2021.

§ 2º. A mera perda patrimonial decorrente da atividade econômica não acarretará improbidade administrativa, salvo se comprovado ato doloso praticado com essa finalidade.

[*] § 2º acrescentado pela Lei nº 14.230, de 2021.

Seção II-A

[*] Seção II-A revogada pela Lei nº 14.230, de 2021.

Art. 10-A. (Revogado).

[*] Art. 10-A revogado pela Lei nº 14.230, de 2021.

Seção III – Dos Atos de Improbidade Administrativa que Atentam Contra os Princípios da Administração Pública

Art. 11. Constitui ato de improbidade administrativa que atenta contra os princípios da administração pública a ação ou omissão dolosa que viole os deveres de honestidade, de imparcialidade e de legalidade, caracterizada por uma das seguintes condutas:

[*] Art. 11, *caput*, com redação dada pela Lei nº 14.230, de 2021.

I – (Revogado);

[*] Inciso I revogado pela Lei nº 14.230, de 2021.

II – (Revogado);

[*] Inciso II revogado pela Lei nº 14.230, de 2021.

III – revelar fato ou circunstância de que tem ciência em razão das atribuições e que deva permanecer em segredo, propiciando beneficiamento por informação privilegiada ou colocando em risco a segurança da sociedade e do Estado;

[*] Inciso III com redação dada pela Lei nº 14.230, de 2021.

IV – negar publicidade aos atos oficiais, exceto em razão de sua imprescindibilidade para a segurança da sociedade e do Estado ou de outras hipóteses instituídas em lei;

[*] Inciso IV com redação dada pela Lei nº 14.230, de 2021.

V – frustrar, em ofensa à imparcialidade, o caráter concorrencial de concurso público, de chamamento ou de procedimento licitatório, com vistas à obtenção de benefício próprio, direto ou indireto, ou de terceiros;

[*] Inciso V com redação dada pela Lei nº 14.230, de 2021.

VI – deixar de prestar contas quando esteja obrigado a fazê-lo, desde que disponha das condições para isso, com vistas a ocultar irregularidades;

[*] Inciso VI com redação dada pela Lei nº 14.230, de 2021.

VII – revelar ou permitir que chegue ao conhecimento de terceiro, antes da respectiva divulgação oficial, teor de medida política ou econômica capaz de afetar o preço de mercadoria, bem ou serviço.

VIII – descumprir as normas relativas à celebração, fiscalização e aprovação de contas de parcerias firmadas pela administração pública com entidades privadas.

[*] Inciso VIII com redação dada pela Lei nº 13.019, de 2014.

IX – (revogado);

[*] Inciso IX revogado pela Lei nº 14.230, de 2021.

X – (revogado);

[*] Inciso X revogado pela Lei nº 14.230, de 2021.

XI – nomear cônjuge, companheiro ou parente em linha reta, colateral ou por afinidade, até o terceiro grau, inclusive, da autoridade nomeante ou de servidor da mesma pessoa jurídica investido em cargo de direção, chefia ou assessoramento, para o exercício de cargo em comissão ou de confiança ou, ainda, de função gratificada na administração pública direta e indireta em qualquer dos Poderes da União, dos Estados, do Distrito Federal e dos Municípios, compreendido o ajuste mediante designações recíprocas;

[*] Inciso XI acrescentado pela Lei nº 14.230, de 2021.

XII – praticar, no âmbito da administração pública e com recursos do erário, ato de publicidade que contrarie o disposto no § 1º do art. 37 da Constituição Federal, de forma a promover inequívoco enaltecimento do agente público e personalização de atos, de programas, de obras, de serviços ou de campanhas dos órgãos públicos.

[*] Inciso XII acrescentado pela Lei nº 14.230, de 2021.

§ 1º. Nos termos da Convenção das Nações Unidas contra a Corrupção, promulgada pelo Decreto nº 5.687, de 31 de janeiro de 2006, somente haverá improbidade administrativa, na aplicação deste artigo, quando for comprovado na conduta funcional do agente público o fim de obter proveito ou benefício indevido para si ou para outra pessoa ou entidade.

[*] § 1º acrescentado pela Lei nº 14.230, de 2021.

§ 2º. Aplica-se o disposto no § 1º deste artigo a quaisquer atos de improbidade administrativa tipificados nesta Lei e em leis especiais e a quaisquer outros tipos especiais de improbidade administrativa instituídos por lei.

[*] § 2º acrescentado pela Lei nº 14.230, de 2021.

§ 3º. O enquadramento de conduta funcional na categoria de que trata este artigo pressupõe a demonstração objetiva da prática de ilegalidade no exercício da função pública, com a indicação das normas constitucionais, legais ou infra legais violadas.

[*] § 3º acrescentado pela Lei nº 14.230, de 2021.

§ 4º. Os atos de improbidade de que trata este artigo exigem lesividade relevante ao bem jurídico tutelado para serem passíveis de sancionamento e independem do reconhecimento da produção de danos ao erário e de enriquecimento ilícito dos agentes públicos.

[*] § 4º acrescentado pela Lei nº 14.230, de 2021.

§ 5º. Não se configurará improbidade a mera nomeação ou indicação política por parte dos detentores de mandatos eletivos, sendo necessária a aferição de dolo com finalidade ilícita por parte do agente.

[*] § 5º acrescentado pela Lei nº 14.230, de 2021.

Capítulo III
DAS PENAS

Art. 12. Independentemente do ressarcimento integral do dano patrimonial, se efetivo, e das sanções penais comuns e de responsabilidade, civis e administrativas previstas na legislação específica, está o responsável pelo ato de improbidade sujeito às seguintes cominações, que podem ser aplicadas isolada ou cumulativamente, de acordo com a gravidade do fato:

[*] Art. 12, *caput*, com redação dada pela Lei nº 14.230, de 2021.

I – na hipótese do art. 9º desta Lei, perda dos bens ou valores acrescentados ilicitamente ao patrimônio, perda da função pública, suspensão dos direitos políticos até 14 (catorze) anos, pagamento de multa civil equivalente ao valor do acréscimo patrimonial e proibição de contratar com o poder público ou de receber benefícios ou incentivos fiscais ou creditícios, direta ou indiretamente, ainda que por intermédio de pessoa jurídica da qual seja sócio majoritário, pelo prazo não superior a 14 (catorze) anos;

[*] Inciso I com redação dada pela Lei nº 14.230, de 2021.

II – na hipótese do art. 10 desta Lei, perda dos bens ou valores acrescentados ilicitamente ao patrimônio, se concorrer esta circunstância, perda da função pública, suspensão dos direitos políticos até 12 (doze) anos, pagamento de multa civil equivalente ao valor do dano e proibição de contratar com o poder público ou de receber benefícios ou incentivos fiscais ou creditícios, direta ou indiretamente, ainda que por intermédio de pessoa jurídica da qual seja sócio majoritário, pelo prazo não superior a 12 (doze) anos;

[*] Inciso II com redação dada pela Lei nº 14.230, de 2021.

III – na hipótese do art. 11 desta Lei, pagamento de multa civil de até 24 (vinte e quatro) vezes o valor da remuneração percebida pelo agente e proibição de contratar com o poder público ou de receber benefícios ou incentivos fiscais ou creditícios, direta ou indiretamente, ainda que por intermédio de pessoa jurídica da qual seja sócio majoritário, pelo prazo não superior a 4 (quatro) anos;

[*] Inciso III com redação dada pela Lei nº 14.230, de 2021.

IV – (Revogado).

[*] Inciso IV revogado pela Lei nº 14.230, de 2021.

Parágrafo único. (Revogado).

[*] Parágrafo único revogado pela Lei nº 14.230, de 2021.

§ 1º. A sanção de perda da função pública, nas hipóteses dos incisos I e II do *caput* deste artigo, atinge apenas o vínculo de mesma qualidade e natureza que o agente público ou político detinha com o poder público na época do cometimento da infração, podendo o magistrado, na hipótese do inciso I do *caput* deste artigo, e em caráter excepcional, estendê-la aos demais vínculos, consideradas as circunstâncias do caso e a gravidade da infração.

[*] § 1º acrescentado pela Lei nº 14.230, de 2021.

§ 2º. A multa pode ser aumentada até o dobro, se o juiz considerar que, em virtude da situação econômica do réu, o valor calculado na forma dos incisos I, II e III do *caput* deste artigo é ineficaz para reprovação e prevenção do ato de improbidade.

[*] § 2º acrescentado pela Lei nº 14.230, de 2021.

§ 3º. Na responsabilização da pessoa jurídica, deverão ser considerados os efeitos econômicos e sociais das sanções, de modo a viabilizar a manutenção de suas atividades.

[*] § 3º acrescentado pela Lei nº 14.230, de 2021.

§ 4º. Em caráter excepcional e por motivos relevantes devidamente justificados, a sanção de proibição de contratação com o poder público pode extrapolar o ente público lesado pelo ato de improbidade, observados os impactos econômicos e sociais das sanções, de forma a preservar a função social da pessoa jurídica, conforme disposto no § 3º deste artigo.

[*] § 4º acrescentado pela Lei nº 14.230, de 2021.

§ 5º. No caso de atos de menor ofensa aos bens jurídicos tutelados por esta Lei, a sanção limitar-se-á à aplicação de multa, sem prejuízo do ressarcimento do dano e da perda dos valores obtidos, quando for o caso, nos termos do *caput* deste artigo.

[*] § 5º acrescentado pela Lei nº 14.230, de 2021.

§ 6º. Se ocorrer lesão ao patrimônio público, a reparação do dano a que se refere esta Lei deverá deduzir o ressarcimento ocorrido nas instâncias criminal, civil e administrativa que tiver por objeto os mesmos fatos.

[*] § 6º acrescentado pela Lei nº 14.230, de 2021.

§ 7º. As sanções aplicadas a pessoas jurídicas com base nesta Lei e na Lei nº 12.846, de 1º de agosto de 2013, deverão observar o princípio constitucional do *non bis in idem*.

[*] § 7º acrescentado pela Lei nº 14.230, de 2021.

§ 8º. A sanção de proibição de contratação com o poder público deverá constar do Cadastro Nacional de Empresas Inidôneas e Suspensas (CEIS) de que trata a Lei nº 12.846, de 1º de agosto de 2013, observadas as limitações territoriais contidas em decisão judicial, conforme disposto no § 4º deste artigo.

[*] § 8º acrescentado pela Lei nº 14.230, de 2021.

§ 9º. As sanções previstas neste artigo somente poderão ser executadas após o trânsito em julgado da sentença condenatória.

[*] § 9º acrescentado pela Lei nº 14.230, de 2021.

§ 10. Para efeitos de contagem do prazo da sanção de suspensão dos direitos políticos, computar-se-á retroativamente o intervalo de tempo entre a decisão colegiada e o trânsito em julgado da sentença condenatória.

[*] § 10 acrescentado pela Lei nº 14.230, de 2021.

Capítulo IV
DA DECLARAÇÃO DE BENS

Art. 13. A posse e o exercício de agente público ficam condicionados à apresentação de declaração de imposto de renda e proventos de qualquer natureza, que tenha sido apresentada à Secretaria Especial da Receita Federal do Brasil, a fim de ser arquivada no serviço de pessoal competente.

[*] Art. 13, *caput*, com redação dada pela Lei nº 14.230, de 2021.

§ 1º. (Revogado).

[*] § 1º revogado pela Lei nº 14.230, de 2021.

§ 2º. A declaração de bens a que se refere o *caput* deste artigo será atualizada anualmente e na data em que o agente público deixar o exercício do mandato, do cargo, do emprego ou da função.

[*] § 2º com redação dada pela Lei nº 14.230, de 2021.

§ 3º. Será apenado com a pena de demissão, sem prejuízo de outras sanções cabíveis, o agente público que se recusar a prestar a declaração dos bens a que se refere o *caput* deste artigo dentro do prazo determinado ou que prestar declaração falsa.

[*] § 3º com redação dada pela Lei nº 14.230, de 2021.

§ 4º. (Revogado).

[*] § 4º revogado pela Lei nº 14.230, de 2021.

Capítulo V
DO PROCEDIMENTO ADMINISTRATIVO E DO PROCESSO JUDICIAL

Art. 14. Qualquer pessoa poderá representar à autoridade administrativa competente para que seja instaurada investigação destinada a apurar a prática de ato de improbidade.

§ 1º. A representação, que será escrita ou reduzida a termo e assinada, conterá a qualificação do representante, as informações sobre o fato e sua autoria e a indicação das provas de que tenha conhecimento.

§ 2º. A autoridade administrativa rejeitará a representação, em despacho fundamentado, se esta não contiver as formalidades estabelecidas no § 1º deste artigo. A rejeição não impede a representação ao Ministério Público, nos termos do art. 22 desta Lei.

§ 3º. Atendidos os requisitos da representação, a autoridade determinará a imediata apuração dos fatos, observada a legislação que regula o processo administrativo disciplinar aplicável ao agente.

[*] § 3º com redação dada pela Lei nº 14.230, de 2021.

Art. 15. A comissão processante dará conhecimento ao Ministério Público e ao Tribunal ou Conselho de Contas da existência de procedimento administrativo para apurar a prática de ato de improbidade.

Parágrafo único. O Ministério Público ou Tribunal ou Conselho de Contas poderá, a requerimento, designar representante para acompanhar o procedimento administrativo.

Art. 16. Na ação por improbidade administrativa poderá ser formulado, em caráter antecedente ou incidente, pedido de indisponibilidade de bens dos réus, a fim de garantir a integral recomposição do erário ou do acréscimo patrimonial resultante de enriquecimento ilícito.

[*] Art. 16, *caput*, com redação dada pela Lei nº 14.230, de 2021.

§ 1º. (Revogado).

[*] § 1º revogado pela Lei nº 14.230, de 2021.

§ 1º-A. O pedido de indisponibilidade de bens a que se refere o *caput* deste artigo poderá ser formulado independentemente da representação de que trata o art. 7º desta Lei.

[*] § 1º-A acrescentado pela Lei nº 14.230, de 2021.

§ 2º. Quando for o caso, o pedido de indisponibilidade de bens a que se refere o *caput* deste artigo incluirá a investigação, o exame e o bloqueio de bens, contas bancárias e aplicações financeiras mantidas pelo indiciado no exterior, nos termos da lei e dos tratados internacionais.

[*] § 2º com redação dada pela Lei nº 14.230, de 2021.

§ 3º. O pedido de indisponibilidade de bens a que se refere o *caput* deste artigo apenas será deferido mediante a demonstração no caso concreto de perigo de dano irreparável ou de risco ao resultado útil do processo, desde que o juiz se convença da probabilidade da ocorrência dos atos descritos na petição inicial com fundamento nos respectivos elementos de instrução, após a oitiva do réu em 5 (cinco) dias.

[*] § 3º acrescentado pela Lei nº 14.230, de 2021.

§ 4º. A indisponibilidade de bens poderá ser decretada sem a oitiva prévia do réu, sempre que o contraditório prévio puder comprovadamente frustrar a efetividade da medida ou houver outras circunstâncias que recomendem a proteção liminar, não podendo a urgência ser presumida.

[*] § 4º acrescentado pela Lei nº 14.230, de 2021.

§ 5º. Se houver mais de um réu na ação, a somatória dos valores declarados indisponíveis não poderá superar o montante indicado na petição inicial como danos ao erário ou como enriquecimento ilícito.

[*] § 5º acrescentado pela Lei nº 14.230, de 2021.

§ 6º. O valor da indisponibilidade considerará a estimativa de dano indicada na petição inicial, permitida a sua substituição por caução idônea, por fiança bancária ou por seguro-garantia judicial, a requerimento do réu, bem como a sua readequação durante a instrução do processo.

[*] § 6º acrescentado pela Lei nº 14.230, de 2021.

§ 7º. A indisponibilidade de bens de terceiro dependerá da demonstração da sua efetiva concorrência para os atos ilícitos apurados ou, quando se tratar de pessoa jurídica, da instauração de incidente de desconsideração da personalidade jurídica, a ser processado na forma da lei processual.

[*] § 7º acrescentado pela Lei nº 14.230, de 2021.

§ 8º. Aplica-se à indisponibilidade de bens regida por esta Lei, no que for cabível, o regime da tutela provisória de urgência da Lei nº 13.105, de 16 de março de 2015 (Código de Processo Civil).

[*] § 8º acrescentado pela Lei nº 14.230, de 2021.

§ 9º. Da decisão que deferir ou indeferir a medida relativa à indisponibilidade de bens caberá agravo de instrumento, nos termos da Lei nº 13.105, de 16 de março de 2015 (Código de Processo Civil).

[*] § 9º acrescentado pela Lei nº 14.230, de 2021.

§ 10. A indisponibilidade recairá sobre bens que assegurem exclusivamente o integral ressarcimento do dano ao erário, sem incidir sobre os valores a serem eventualmente aplicados a título de multa civil ou sobre acréscimo patrimonial decorrente de atividade lícita.

[*] § 10 acrescentado pela Lei nº 14.230, de 2021.

§ 11. A ordem de indisponibilidade de bens deverá priorizar veículos de via terrestre, bens imóveis, bens móveis em geral, semoventes, navios e aeronaves, ações e quotas de sociedades simples e empresárias, pedras e metais preciosos e, apenas na inexistência desses, o bloqueio de contas bancárias, de forma a garantir a subsistência do acusado e a manutenção da atividade empresária ao longo do processo.

[*] § 11 acrescentado pela Lei nº 14.230, de 2021.

§ 12. O juiz, ao apreciar o pedido de indisponibilidade de bens do réu a que se refere o *caput* deste artigo, observará os efeitos práticos da decisão, vedada a adoção de medida capaz de acarretar prejuízo à prestação de serviços públicos.

[*] § 12 acrescentado pela Lei nº 14.230, de 2021.

§ 13. É vedada a decretação de indisponibilidade da quantia de até 40 (quarenta) salários mínimos depositados em caderneta de poupança, em outras aplicações financeiras ou em conta corrente.

[*] § 13 acrescentado pela Lei nº 14.230, de 2021.

§ 14. É vedada a decretação de indisponibilidade do bem de família do réu, salvo se comprovado que o imóvel seja fruto de vantagem patrimonial indevida, conforme descrito no art. 9º desta Lei.

[*] § 14 acrescentado pela Lei nº 14.230, de 2021.

Art. 17. A ação para a aplicação das sanções de que trata esta Lei será proposta pelo Ministério Público e seguirá o procedimento comum previsto na Lei nº 13.105, de 16 de março de 2015 (Código de Processo Civil), salvo o disposto nesta Lei.

[*] Art. 17, *caput*, com redação dada pela Lei nº 14.230, de 2021. (Vide ADI 7042) (Vide ADI 7043)

§ 1º. (Revogado).

[*] § 1º revogado pela Lei nº 14.230, de 2021.

§ 2º. (Revogado).

[*] § 2º revogado pela Lei nº 14.230, de 2021.

§ 3º. (Revogado).

[*] § 3º revogado pela Lei nº 14.230, de 2021.

§ 4º. (Revogado).

[*] § 4º revogado pela Lei nº 14.230, de 2021.

§ 4º-A. A ação a que se refere o *caput* deste artigo deverá ser proposta perante o foro do local onde ocorrer o dano ou da pessoa jurídica prejudicada.

[*] § 4º-A acrescentado pela Lei nº 14.230, de 2021.

§ 5º. A propositura da ação a que se refere o *caput* deste artigo prevenirá a competência do juízo para todas as ações posteriormente intentadas que possuam a mesma causa de pedir ou o mesmo objeto.

[*] § 5º com redação dada pela Lei nº 14.230, de 2021.

§ 6º. A petição inicial observará o seguinte:

[*] § 6º, *caput*, com redação dada pela Lei nº 14.230, de 2021.

I – deverá individualizar a conduta do réu e apontar os elementos probatórios mínimos que demonstrem a ocorrência das hipóteses dos arts. 9º, 10 e 11 desta Lei e de sua autoria, salvo impossibilidade devidamente fundamentada;

[*] Inciso I acrescentado pela Lei nº 14.230, de 2021.

II – será instruída com documentos ou justificação que contenham indícios suficientes da veracidade dos fatos e do dolo imputado ou com razões fundamentadas da impossibilidade de apresentação de qualquer dessas provas, observada a legislação vigente, inclusive as disposições constantes dos arts. 77 e 80 da Lei nº 13.105, de 16 de março de 2015 (Código de Processo Civil).

[*] Inciso II acrescentado pela Lei nº 14.230, de 2021.

§ 6º-A. O Ministério Público poderá requerer as tutelas provisórias adequadas e necessárias, nos termos dos arts. 294 a 310 da Lei nº 13.105, de 16 de março de 2015 (Código de Processo Civil

[*] § 6º-A acrescentado pela Lei nº 14.230, de 2021. (Vide ADI 7042) (Vide ADI 7043)

§ 6º-B. A petição inicial será rejeitada nos casos do art. 330 da Lei nº 13.105, de 16 de março de 2015 (Código de Processo Civil), bem como quando não preenchidos os requisitos a que se referem os incisos I e II do § 6º deste artigo, ou ainda quando manifestamente inexistente o ato de improbidade imputado.

[*] § 6º-B acrescentado pela Lei nº 14.230, de 2021.

§ 7º. Se a petição inicial estiver em devida forma, o juiz mandará autuá-la e ordenará a citação dos requeridos para que a contestem no prazo comum de 30 (trinta) dias, iniciado o prazo na forma do art. 231 da Lei nº 13.105, de 16 de março de 2015 (Código de Processo Civil).

[*] § 7º com redação dada pela Lei nº 14.230, de 2021.

§ 8º. (Revogado).

[*] § 8º revogado pela Lei nº 14.230, de 2021.

§ 9º. (Revogado).

[*] § 9º revogado pela Lei nº 14.230, de 2021.

§ 9º-A. Da decisão que rejeitar questões preliminares suscitadas pelo réu em sua contestação caberá agravo de instrumento.

[*] § 9º-A acrescentado pela Lei nº 14.230, de 2021.

§ 10. (Revogado).

[*] § 10 revogado pela Lei nº 14.230, de 2021.

§ 10-A. Havendo a possibilidade de solução consensual, poderão as partes requerer ao juiz a interrupção do prazo para a contestação, por prazo não superior a 90 (noventa) dias.

[*] § 10-A acrescentado pela Lei nº 13.964, de 2019.

§ 10-B. Oferecida a contestação e, se for o caso, ouvido o autor, o juiz:

[*] § 10-B acrescentado pela Lei nº 14.230, de 2021.

I – procederá ao julgamento conforme o estado do processo, observada a eventual inexistência manifesta do ato de improbidade;

[*] Inciso I acrescentado pela Lei nº 14.230, de 2021.

II – poderá desmembrar o litisconsórcio, com vistas a otimizar a instrução processual.

[*] Inciso II acrescentado pela Lei nº 14.230, de 2021.

§ 10-C. Após a réplica do Ministério Público, o juiz proferirá decisão na qual indicará com precisão a tipificação do ato de improbidade administrativa imputável ao réu, sendo-lhe vedado modificar o fato principal e a capitulação legal apresentada pelo autor.

[*] § 10-C acrescentado pela Lei nº 14.230, de 2021. (Vide ADI 7042) (Vide ADI 7043)

§ 10-D. Para cada ato de improbidade administrativa, deverá necessariamente ser indicado apenas um tipo dentre aqueles previstos nos arts. 9º, 10 e 11 desta Lei.

[*] § 10-D acrescentado pela Lei nº 14.230, de 2021.

§ 10-E. Proferida a decisão referida no § 10-C deste artigo, as partes serão intimadas a especificar as provas que pretendem produzir.

[*] § 10-E acrescentado pela Lei nº 14.230, de 2021.

§ 10-F. Será nula a decisão de mérito total ou parcial da ação de improbidade administrativa que:

[*] § 10-F acrescentado pela Lei nº 14.230, de 2021.

I – condenar o requerido por tipo diverso daquele definido na petição inicial;

[*] Inciso I acrescentado pela Lei nº 14.230, de 2021.

II – condenar o requerido sem a produção das provas por ele tempestivamente especificadas.

[*] Inciso II acrescentado pela Lei nº 14.230, de 2021.

§ 11. Em qualquer momento do processo, verificada a inexistência do ato de improbidade, o juiz julgará a demanda improcedente.

[*] § 11 com redação dada pela Lei nº 14.230, de 2021.

§ 12. (Revogado).

[*] § 12 revogado pela Lei nº 14.230, de 2021.

§ 13. (Revogado).

[*] § 13 revogado pela Lei nº 14.230, de 2021.

§ 14. Sem prejuízo da citação dos réus, a pessoa jurídica interessada será intimada para, caso queira, intervir no processo.

[*] § 14 acrescentado pela Lei nº 14.230, de 2021. (Vide ADI 7042) (Vide ADI 7043)

§ 15. Se a imputação envolver a desconsideração de pessoa jurídica, serão observadas as regras previstas nos arts. 133, 134, 135, 136 e 137 da Lei nº 13.105, de 16 de março de 2015 (Código de Processo Civil).

[*] § 15 acrescentado pela Lei nº 14.230, de 2021.

§ 16. A qualquer momento, se o magistrado identificar a existência de ilegalidades ou de irregularidades administrativas a serem sanadas sem que estejam presentes todos os requisitos para a imposição das sanções aos agentes incluídos no polo passivo da demanda, poderá, em decisão motivada, converter a ação de improbidade administrativa em ação civil pública, regulada pela Lei nº 7.347, de 24 de julho de 1985.

[*] § 16 acrescentado pela Lei nº 14.230, de 2021.

§ 17. Da decisão que converter a ação de improbidade em ação civil pública caberá agravo de instrumento.

[*] § 17 acrescentado pela Lei nº 14.230, de 2021.

§ 18. Ao réu será assegurado o direito de ser interrogado sobre os fatos de que trata a ação, e a sua recusa ou o seu silêncio não implicarão confissão.

[*] § 18 acrescentado pela Lei nº 14.230, de 2021.

§ 19. Não se aplicam na ação de improbidade administrativa:

[*] § 19 acrescentado pela Lei nº 14.230, de 2021.

I – a presunção de veracidade dos fatos alegados pelo autor em caso de revelia;

[*] inciso I acrescentado pela Lei nº 14.230, de 2021.

II – a imposição de ônus da prova ao réu, na forma dos §§ 1º e 2º do art. 373 da Lei nº 13.105, de 16 de março de 2015 (Código de Processo Civil);

[*] Inciso II acrescentado pela Lei nº 14.230, de 2021.

III – o ajuizamento de mais de uma ação de improbidade administrativa pelo mesmo fato, competindo ao Conselho Nacional do Ministério Público dirimir conflitos de atribuições entre membros de Ministérios Públicos distintos;

[*] Inciso III acrescentado pela Lei nº 14.230, de 2021.

IV – o reexame obrigatório da sentença de improcedência ou de extinção sem resolução de mérito.

[*] Inciso IV acrescentado pela Lei nº 14.230, de 2021.

§ 20. A assessoria jurídica que emitiu o parecer atestando a legalidade prévia dos atos administrativos praticados pelo administrador público ficará obrigada a defendê-lo judicialmente, caso este venha a responder ação por improbidade administrativa, até que a decisão transite em julgado.

[*] § 20 acrescentado pela Lei nº 14.230, de 2021. (Vide ADI 7042) (Vide ADI 7043)

§ 21. Das decisões interlocutórias caberá agravo de instrumento, inclusive da decisão que rejeitar questões preliminares suscitadas pelo réu em sua contestação.

[*] § 21 acrescentado pela Lei nº 14.230, de 2021.

Art. 17-A. (Vetado).

[*] Art. 17-A acrescentado pela Lei nº 13.964, de 2019, e vetado.

Art. 17-B. O Ministério Público poderá, conforme as circunstâncias do caso concreto, celebrar acordo de não persecução civil, desde que dele advenham, ao menos, os seguintes resultados:

I – o integral ressarcimento do dano;

II – a reversão à pessoa jurídica lesada da vantagem indevida obtida, ainda que oriunda de agentes privados.

§ 1º. A celebração do acordo a que se refere o *caput* deste artigo dependerá, cumulativamente:

I – da oitiva do ente federativo lesado, em momento anterior ou posterior à propositura da ação;

II – de aprovação, no prazo de até 60 (sessenta) dias, pelo órgão do Ministério Público competente para apreciar as promoções de arquivamento de inquéritos civis, se anterior ao ajuizamento da ação;

III – de homologação judicial, independentemente de o acordo ocorrer antes ou depois do ajuizamento da ação de improbidade administrativa.

§ 2º. Em qualquer caso, a celebração do acordo a que se refere o *caput* deste artigo considerará a personalidade do agente, a natureza, as circunstâncias, a gravidade e a repercussão social do ato de improbidade, bem como as vantagens, para o interesse público, da rápida solução do caso.

§ 3º. Para fins de apuração do valor do dano a ser ressarcido, deverá ser realizada a oitiva do Tribunal de Contas competente, que se manifestará, com indicação dos parâmetros utilizados, no prazo de 90 (noventa) dias.

§ 4º. O acordo a que se refere o *caput* deste artigo poderá ser celebrado no curso da investigação de apuração do ilícito, no curso da ação de improbidade ou no momento da execução da sentença condenatória.

§ 5º. As negociações para a celebração do acordo a que se refere o *caput* deste artigo ocorrerão entre o Ministério Público, de um lado, e, de outro, o investigado ou demandado e o seu defensor.

§ 6º. O acordo a que se refere o *caput* deste artigo poderá contemplar a adoção de mecanismos e procedimentos internos de integridade, de auditoria e de incentivo à denúncia de irregularidades e a aplicação efetiva de códigos de ética e de conduta no âmbito da pessoa jurídica, se for o caso, bem como de outras medidas em favor do interesse público e de boas práticas administrativas.

§ 7º. Em caso de descumprimento do acordo a que se refere o *caput* deste artigo, o investigado ou o demandado ficará impedido de celebrar novo acordo pelo prazo de 5 (cinco) anos, contado do conhecimento pelo Ministério Público do efetivo descumprimento.

[*] Art. 17-B acrescentado pela Lei nº 14.230, de 2021. (Vide ADI 7042) (Vide ADI 7043).

Art. 17-C. A sentença proferida nos processos a que se refere esta Lei deverá, além de observar o disposto no art. 489 da Lei nº 13.105, de 16 de março de 2015 (Código de Processo Civil):

I – indicar de modo preciso os fundamentos que demonstram os elementos a que se referem os arts. 9º, 10 e 11 desta Lei, que não podem ser presumidos;

II – considerar as consequências práticas da decisão, sempre que decidir com base em valores jurídicos abstratos;

III – considerar os obstáculos e as dificuldades reais do gestor e as exigências das políticas públicas a seu cargo, sem prejuízo dos direitos dos administrados e das circunstâncias práticas que houverem imposto, limitado ou condicionado a ação do agente;

IV – considerar, para a aplicação das sanções, de forma isolada ou cumulativa:

a) os princípios da proporcionalidade e da razoabilidade;

b) a natureza, a gravidade e o impacto da infração cometida;

c) a extensão do dano causado;

d) o proveito patrimonial obtido pelo agente;

e) as circunstâncias agravantes ou atenuantes;

f) a atuação do agente em minorar os prejuízos e as consequências advindas de sua conduta omissiva ou comissiva;

g) os antecedentes do agente;

V – considerar na aplicação das sanções a dosimetria das sanções relativas ao mesmo fato já aplicadas ao agente;

VI – considerar, na fixação das penas relativamente ao terceiro, quando for o caso, a sua atuação específica, não admitida a sua responsabilização por ações ou omissões para as quais não tiver concorrido ou das quais não tiver obtido vantagens patrimoniais indevidas;

VII – indicar, na apuração da ofensa a princípios, critérios objetivos que justifiquem a imposição da sanção.

§ 1º. A ilegalidade sem a presença de dolo que a qualifique não configura ato de improbidade.

§ 2º. Na hipótese de litisconsórcio passivo, a condenação ocorrerá no limite da participação e dos benefícios diretos, vedada qualquer solidariedade.

§ 3º. Não haverá remessa necessária nas sentenças de que trata esta Lei.

[*] Art. 17-C acrescentado pela Lei nº 14.230, de 2021. (Vide ADI 7042) (Vide ADI 7043)

Art. 17-D. A ação por improbidade administrativa é repressiva, de caráter sancionatório, destinada à aplicação de sanções de caráter pessoal previstas nesta Lei, e não constitui ação civil, vedado seu ajuizamento para o controle de legalidade de políticas públicas e para a proteção do patrimônio público e social, do meio ambiente e de outros interesses difusos, coletivos e individuais homogêneos.

Parágrafo único. Ressalvado o disposto nesta Lei, o controle de legalidade de políticas públicas e a responsabilidade de agentes públicos, inclusive políticos, entes públicos e governamentais, por danos ao meio ambiente, ao consumidor, a bens e direitos de valor artístico, estético, histórico, turístico e paisagístico, a qualquer outro interesse difuso ou coletivo, à ordem econômica, à ordem urbanística, à honra e à dignidade de grupos raciais, étnicos ou religiosos e ao patrimônio público e social submetem-se aos termos da Lei nº 7.347, de 24 de julho de 1985.

[*] Art. 17-D acrescentado pela Lei nº 14.230, de 2021. (Vide ADI 7042) (Vide ADI 7043)

Art. 18. A sentença que julgar procedente a ação fundada nos arts. 9º e 10 desta Lei condenará ao ressarcimento dos danos e à perda ou à reversão dos bens e valores ilicitamente adquiridos, conforme o caso, em favor da pessoa jurídica prejudicada pelo ilícito.

§ 1º. Se houver necessidade de liquidação do dano, a pessoa jurídica prejudicada procederá a essa determinação e ao ulterior procedimento para cumprimento da sentença referente ao ressarcimento do patrimônio público ou à perda ou à reversão dos bens.

§ 2º. Caso a pessoa jurídica prejudicada não adote as providências a que se refere o § 1º deste artigo no prazo de 6 (seis) meses, contado do trânsito em julgado da sentença de procedência da ação, caberá ao Ministério Público proceder à respectiva liquidação do dano e ao cumprimento da sentença referente ao ressarcimento do patrimônio público ou à perda ou à reversão dos bens, sem prejuízo de eventual responsabilização pela omissão verificada.

§ 3º. Para fins de apuração do valor do ressarcimento, deverão ser descontados os serviços efetivamente prestados.

§ 4º. O juiz poderá autorizar o parcelamento, em até 48 (quarenta e oito) parcelas mensais corrigidas monetariamente, do débito resultante de condenação pela prática de improbidade administrativa se o réu demonstrar incapacidade financeira de saldá-lo de imediato.

[*] Art. 18 com redação dada pela Lei nº 14.230, de 2021.

Art. 18-A. A requerimento do réu, na fase de cumprimento da sentença, o juiz unificará eventuais sanções aplicadas com outras já impostas em outros processos, tendo em vista a eventual continuidade de ilícito ou a prática de diversas ilicitudes, observado o seguinte:

I – no caso de continuidade de ilícito, o juiz promoverá a maior sanção aplicada, aumentada de 1/3 (um terço), ou a soma das penas, o que for mais benéfico ao réu;

II – no caso de prática de novos atos ilícitos pelo mesmo sujeito, o juiz somará as sanções.

Parágrafo único. As sanções de suspensão de direitos políticos e de proibição de contratar ou de receber incentivos fiscais ou creditícios do poder público observarão o limite máximo de 20 (vinte) anos.

[*] Art. 18-A acrescentado pela Lei nº 14.230, de 2021.

Capítulo VI
DAS DISPOSIÇÕES PENAIS

Art. 19. Constitui crime a representação por ato de improbidade contra agente público ou terceiro beneficiário, quando o autor da denúncia o sabe inocente.

Pena: detenção de seis a dez meses e multa.

Parágrafo único. Além da sanção penal, o denunciante está sujeito a indenizar o denunciado pelos danos materiais, morais ou à imagem que houver provocado.

Art. 20. A perda da função pública e a suspensão dos direitos políticos só se efetivam com o trânsito em julgado da sentença condenatória.

§ 1º. A autoridade judicial competente poderá determinar o afastamento do agente público do exercício do cargo, do emprego ou da função, sem prejuízo da remuneração, quando a medida for necessária à instrução processual ou para evitar a iminente prática de novos ilícitos.

[*] § 1º acrescentado pela Lei nº 14.230, de 2021.

§ 2º. O afastamento previsto no § 1º deste artigo será de até 90 (noventa) dias, prorrogáveis uma única vez por igual prazo, mediante decisão motivada.

[*] § 2º acrescentado pela Lei nº 14.230, de 2021.

Art. 21. A aplicação das sanções previstas nesta Lei independe:

I – da efetiva ocorrência de dano ao patrimônio público, salvo quanto à pena de ressarcimento e às condutas previstas no art. 10 desta Lei;

[*] Inciso I com redação dada pela Lei nº 14.230, de 2021.

II – da aprovação ou rejeição das contas pelo órgão de controle interno ou pelo Tribunal ou Conselho de Contas.

§ 1º. Os atos do órgão de controle interno ou externo serão considerados pelo juiz quando tiverem servido de fundamento para a conduta do agente público.

[*] § 1º acrescentado pela Lei nº 14.230, de 2021.

§ 2º. As provas produzidas perante os órgãos de controle e as correspondentes decisões deverão ser consideradas na formação da convicção do juiz, sem prejuízo da análise acerca do dolo na conduta do agente.

[*] § 2º acrescentado pela Lei nº 14.230, de 2021.

§ 3º. As sentenças civis e penais produzirão efeitos em relação à ação de improbidade quando concluírem pela inexistência da conduta ou pela negativa da autoria.

[*] § 3º acrescentado pela Lei nº 14.230, de 2021.

§ 4º. A absolvição criminal em ação que discuta os mesmos fatos, confirmada por decisão colegiada, impede o trâmite da ação da qual trata esta Lei, havendo comunicação com todos os fundamentos de absolvição previstos no art. 386 do Decreto-Lei nº 3.689, de 3 de outubro de 1941 (Código de Processo Penal).

[*] § 4º acrescentado pela Lei nº 14.230, de 2021. (Vide ADI 7236)

§ 5º. Sanções eventualmente aplicadas em outras esferas deverão ser compensadas com as sanções aplicadas nos termos desta Lei.

[*] § 5º acrescentado pela Lei nº 14.230, de 2021.

Art. 22. Para apurar qualquer ilícito previsto nesta Lei, o Ministério Público, de ofício, a requerimento de autoridade administrativa ou mediante representação formulada de acordo com o disposto no art. 14 desta Lei, poderá instaurar inquérito civil ou procedimento investigativo assemelhado e requisitar a instauração de inquérito policial.

[*] Art. 22, *caput*, com redação dada pela Lei nº 14.230, de 2021.

Parágrafo único. Na apuração dos ilícitos previstos nesta Lei, será garantido ao investigado a oportunidade de manifestação por escrito e de juntada de documentos que comprovem suas alegações e auxiliem na elucidação dos fatos.

[*] Parágrafo único acrescentado pela Lei nº 14.230, de 2021.

Capítulo VII
DA PRESCRIÇÃO

Art. 23. A ação para a aplicação das sanções previstas nesta Lei prescreve em 8 (oito) anos, contados a partir da ocorrência do fato ou, no caso de infrações permanentes, do dia em que cessou a permanência.

[*] Art. 23, *caput*, com redação dada pela Lei nº 14.230, de 2021.

§ 1º. A instauração de inquérito civil ou de processo administrativo para apuração dos ilícitos referidos nesta Lei suspende o curso do prazo prescricional por, no máximo, 180 (cento e oitenta) dias corridos, recomeçando a correr após a sua conclusão ou, caso não concluído o processo, esgotado o prazo de suspensão.

[*] § 1º acrescentado pela Lei nº 14.230, de 2021.

§ 2º. O inquérito civil para apuração do ato de improbidade será concluído no prazo de 365 (trezentos e sessenta e cinco) dias corridos, prorrogável uma única vez por igual período, mediante ato fundamentado submetido à revisão da instância competente do órgão ministerial, conforme dispuser a respectiva lei orgânica.

[*] § 2º acrescentado pela Lei nº 14.230, de 2021.

§ 3º. Encerrado o prazo previsto no § 2º deste artigo, a ação deverá ser proposta no prazo de 30 (trinta) dias, se não for caso de arquivamento do inquérito civil.

[*] § 3º acrescentado pela Lei nº 14.230, de 2021.

§ 4º. O prazo da prescrição referido no *caput* deste artigo interrompe-se:

I – pelo ajuizamento da ação de improbidade administrativa;

II – pela publicação da sentença condenatória;

III – pela publicação de decisão ou acórdão de Tribunal de Justiça ou Tribunal Regional Federal que confirma sentença condenatória ou que reforma sentença de improcedência;

IV – pela publicação de decisão ou acórdão do Superior Tribunal de Justiça que confirma acórdão condenatório ou que reforma acórdão de improcedência;

V – pela publicação de decisão ou acórdão do Supremo Tribunal Federal que confirma acórdão condenatório ou que reforma acórdão de improcedência.

[*] Inciso V acrescentado pela Lei nº 14.230, de 2021.

§ 5º. Interrompida a prescrição, o prazo recomeça a correr do dia da interrupção, pela metade do prazo previsto no *caput* deste artigo.

[*] § 5º acrescentado pela Lei nº 14.230, de 2021.

§ 6º. A suspensão e a interrupção da prescrição produzem efeitos relativamente a todos os que concorreram para a prática do ato de improbidade.

[*] § 6º acrescentado pela Lei nº 14.230, de 2021.

§ 7º. Nos atos de improbidade conexos que sejam objeto do mesmo processo, a suspensão e a interrupção relativas a qualquer deles estendem-se aos demais.

[*] § 7º acrescentado pela Lei nº 14.230, de 2021.

§ 8º. O juiz ou o tribunal, depois de ouvido o Ministério Público, deverá, de ofício ou a requerimento da parte interessada, reconhecer a prescrição intercorrente da pretensão sancionadora e decretá-la de imediato, caso, entre os marcos interruptivos referidos no § 4º, transcorra o prazo previsto no § 5º deste artigo.

[*] § 8º acrescentado pela Lei nº 14.230, de 2021.

Art. 23-A. É dever do poder público oferecer contínua capacitação aos agentes públicos e políticos que atuem com prevenção ou repressão de atos de improbidade administrativa.

[*] Art. 23-A acrescentado pela Lei nº 14.230, de 2021.

Art. 23-B. Nas ações e nos acordos regidos por esta Lei, não haverá adiantamento de custas, de preparo, de emolumentos, de honorários periciais e de quaisquer outras despesas.

§ 1º. No caso de procedência da ação, as custas e as demais despesas processuais serão pagas ao final.

§ 2º. Haverá condenação em honorários sucumbenciais em caso de improcedência da ação de improbidade se comprovada má-fé.

[*] Art. 23-B acrescentado pela Lei nº 14.230, de 2021.

Art. 23-C. Atos que ensejem enriquecimento ilícito, perda patrimonial, desvio, apropriação, malbaratamento ou dilapidação de recursos públicos dos partidos políticos, ou de suas fundações, serão responsabilizados nos termos da Lei nº 9.096, de 19 de setembro de 1995.

[*] Art. 23-C acrescentado pela Lei nº 14.230, de 2021.

Capítulo VIII
DAS DISPOSIÇÕES FINAIS

Art. 24. Esta lei entra em vigor na data de sua publicação.

Art. 25. Ficam revogadas as Leis nºs 3.164, de 1º de junho de 1957, e 3.502, de 21 de dezembro de 1958 e demais disposições em contrário.

Rio de Janeiro, 2 de junho de 1992; 171º da Independência e 104º da República.

Fernando Collor – Célio Borja

DOU de 3.6.1992

ÍNDICES ALFABÉTICO-REMISSIVOS

ESTATUTO DOS FUNCIONÁRIOS PÚBLICOS CIVIS DO ESTADO DE SÃO PAULO

LEI DE IMPROBIDADE ADMINISTRATIVA

Este livro foi impresso
em fonte Arial sobre papel Offset 75 g/m²
para a Edipro no inverno de 2025.